ずるい聞き方

距離を一気に縮める109のコツ

山田千穂

朝日新聞出版

はじめに

コミュニケーションはすべて「聞く」からはじまる

「人と会うと、何か話さないと……と焦ってしまう」

「自分ばかりしゃべって後悔することがある」

「人から聞きたいことをなかなか引き出せない」

「そもそもコミュニケーションが苦手で、人と話すとどっと疲れる」


こんな悩み、あなたにはありませんか？

仕事でもプライベートでも人間関係はつきものですから、私たちは人と会話しなければ生きていけません。

会話がうまいかどうかで人間関係が決まることが多々あると思うと、悩みは尽きませんよね。

私も20代半ばまでそうだったのでよくわかりますが、コミュニケーションが苦手な人ほど「話し方」にばかり気をとられがちです。


「もっと上手に話せるようになりたい」

「言いたいことを言えるようになりたい」

「間が空かないように盛り上げたい」

「自分のことを知ってもらいたい」


このような悩みが改善されれば、人間関係がうまくいくと思い込んでいる人も少なくありません。その証拠に、書店には話し方に関する本が山ほど並んでいます。

つまり、世の中は話したい人が圧倒的に多く、話したい人同士でコミュニケーションしているため、聞く力がないがしろにされている状況ともいえるのです。


でもよく考えてみてください。どんなに話し上手な人でも、相手がその話をどう受け止め、何を考え、何が言いたいか聞き出さなければ、すれ違いが生じてしまいます。コミュニケーションは一方通行では成り立ちませんから、話す前に聞くことが大事なのです。

相手が心を開いて、本音を語り出すほどの信頼を得るためには、「聞き方がすべて」と言っても過言ではありません。

私がそのことを痛感したのは10年ほど前のことでした。

はじめまして。自己紹介が遅くなり失礼しました。

私は、週刊誌記者として約10年間、３０００人以上を取材してきた山田千穂と申します。記者になる前は、渋谷１０９に入っているアパレルのお店の販売員で、売上げナンバーワンにもなり「カリスマ店員」と呼ばれて、今とは逆にテレビや雑誌の取材を受けたこともありました。

接客業と記者業は、コミュニケーションの仕方が１８０度異なります。

接客業は、洋服を探しにお店まで足を運んでくださったお客さまが相手で、わからないことがあれば向こうから聞いてくれます。スタッフに対しても警戒心より興味関心を持って、何か質問するとすぐに答えてくださるお客さまがほとんどでした。

一方、記者の仕事は、こちらから取材対象者に聞かなければ何も話してもらえません。なかでも直撃取材は、相手の警戒心が非常に強いため、聞いたことに答えてもらえないどころか無視されることのほうが多いくらいです。

他にも、聞き込み取材、潜入取材、現場張り込み取材など取材方法はいろいろありますが、基本的に話すより聞くスキルの高さが求められます。取材相手から話を聞き出さなければ、仕事にならないのが記者業なのです。

これほど違う2つの仕事ですから、記者に転身した頃は失敗の連続でした。詳しい話は後述しますが、１０９時代はうるさいぐらいおしゃべりだった私のコミュニケーション術は、記者の仕事ではまったく通用しなかったのです。

ただし、販売員時代の経験が記者業にも生かされていると気づいた点もありました。それは、初めて会った相手でも気持ちよく話してもらい、こちらが聞きたい話を引き出し、好印象を持ってもらうという点です。

そのためには、相手の心のガードを外し、自然と懐に飛び込み、つい本音を話したくなるような聞き方をしなければいけません。

しかも、「言わされた」「問い詰められた」「誘導尋問された」といった遺恨やわだかまりを残すことなく、また会いたいと思われる関係性を維持する必要があります。この一見相反することを可能にする聞き方の「ワザ」を、私は今までの経験で磨き上げてきました。そこで本書では、そのワザを総称して「ずるい聞き方」と名付けることにしました。

相手をだましたり、陥れたり、負かしたりしようとする意味ではありません。むしろ私が考える「ずるい」は、相手への敬意があってこその裏ワザです。

「つい話してしまった！」と思っても憎めない、「まあ、仕方ないか！」と後味も悪くなく、信頼にもつながる、とてもチャーミングなコミュニケーション術なのです。

「ずるい聞き方」ができるようになると、話し方に自信がなくても聞きたいことを引き出せます。

「話したい人」ばかりの世の中、人も情報も集まってきます。

「この人にはなぜか本音を話したくなる」という存在になれるかもしれません。

本書では、具体的なワザはもちろん、考え方、人との接し方、見た目、言動、NG行為、習慣まで、あなたを助ける「憎めないずるさ」を備えるための方法を全方位的に紹介しています。

どこから読んでも、拾い読みしてもらっても、すぐに役立つノウハウが詰まっていますので、気になるところから目を通してみてください。

コミュニケーションはすべて「聞く」からはじまります。

「ずるい聞き方」を身につければ、話すことばかりに気をとられていた会話が嘘のようにラクに楽しくなるでしょう。

「聞ける人」になれば、無理せず自然に「話す力」も後からついてきます。

本書を読んで、コミュニケーションが少しでもラクになり、人間関係もうまくいくようになってもらえたら、これほど嬉しいことはありません。

ずるい聞き方
距離を一気に縮める109のコツ　目次

第1章　その気がない相手がつい本音を語ってしまうワザ

第2章 気分よく話してもらう魔法のワザ

第3章 心のガードを一瞬で外すワザ

第4章 リスクを一発で回避するワザ

第5章 ずるさを愛嬌に変えるワザ

第6章 聞く前に人が離れていくNG行為

第7章 あざとくてもゆるされる〝聞き上手〟の習慣

ブックデザイン　三森健太（JUNGLE）
装画・題字・本文イラスト　森 けい
編集協力　樺山美夏　アップルシード・エージェンシー
校閲　くすのき舎

第1章

その気がない相手がつい本音を

語ってしまうワザ

Sono Ki ga Nai Aite ga
Tsui Honne wo Katatteshimau Waza

週刊誌記者は、話したくないことや秘密のことを
話してもらうために作戦を練ります。
でも、無理矢理はご法度。
相手がついポロリと漏らしてしまう、
「あなたなら話してもいいか」と思ってくれる。
だますのではなく、短い時間でその関係性をつくるのです。
お客さんの本音や要望を深く知りたい、そんなときにもぜひ。

つい話してしまう「きっかけ」をつくる

1 会話の糸口を3つ用意する

親しい人でも本音というのはなかなか聞き出せないものです。ましてや初対面の人ならなおさら、当たり障りのない雑談で終わってしまうことが多いですよね。

それでも、建前ではない本当のところを聞きたい人に会うときは、会話の糸口となる話題を最低3つは用意します。

わかりやすいのは、事前に調べてチェックした相手と自分の共通項です。

調べるには、ネット検索が必須。たとえば、

・相手の勤め先がわかる場合、会社のウェブサイトにスタッフ紹介があれば見ておく。
・勤め先の会社の商品やサービスなどを確認し、自分が普段使っていたり、なじみがあるものがないかを探す。なければ、事前に使ってみて、感想や良いところをメモしておく。
・会社の場所や店舗の場所などが、例えば自分が通っていた学校や実家と近い、昔住んでいた地域、何かでよく訪ねる場所かなど、自分と共通項がないか確認しておく。
・お名前がわかればＳＮＳを検索する。
・共通の知人がいれば、詮索になりすぎない程度に聞いておく。

のような視点で、前情報を得ておきます。

ただ、これが難しいときは、お会いしたときに相手が身に付けているもので好みのものがあれば「その色私も好みです。素敵ですね。今日も着てこようか悩んだので、色かぶりするところでした」と伝え、「好き」なことを共通項にする方法もあります。

ほかにも、

・出身地や、住んでいるところの地元話。
・美容やコスメが好きだったら、流行の美容やコスメの話。
・お互い転職したばかりだったら、転職の話。
・好きな映画や最近読んだ本の話。
・スイーツ好きの方には、評判の高いスイーツのお土産を持参。

こうした共通項が最低3つあると話が盛り上がり、短時間で打ち解けやすくなります。以前、地方の占い店に潜入取材で行ったときに、東京で人気のあるスイーツを手土産に持参したことがあります。占い師の女性に「これ美味《おい》しいわよね、大好き」と大変喜んでもらい、スイーツ話でひとしきり盛り上がりました。

「山田さんとは、はじめて会った気がしないです！」と言ってもらえたら大成功！

親近感が高まったあとに聞きたいことを聞くと、気軽に答えてくれたり、ポロッと本音を漏らしてくれることがよくあるのです。

2 2択の質問で2歩先の話を聞く

記者の仕事は、事実かどうかわからない情報の裏をとる取材が多いので、最初の質問が勝敗を分けます。

たとえば、ある俳優が恋人の実家に行ったという情報が入り、結婚するのかを確かめるために直撃取材に行ったとします。

このとき、正攻法で本人に「ご結婚されるんですよね？」と聞いても、「いやいや」などとはぐらかされる可能性大です。

そのため他の記者がよく使う手は、「ご結婚おめでとうございます。ところで〜」と断定から入る聞き方ですが、私はもうひと捻りしています。

「式は神前式ですか？　教会式ですか？」と、結婚前提の2択で質問するのです。

こう聞かれるともう結婚自体は否定しにくいので、「ああ、ちょっと今考えていて……」などと、結婚前提の話を聞き出しやすくなります。

このワザは他の場面でも使えます。

お客さまがその商品を買う前提で、「AとB、どちらの色がお好みですか？」と聞くと、その先に話を進められます。

「どうされますか？」「何がお好きですか？」と漠然と聞かれるより、2択で2歩先の質問をされたほうが、答えるほうも迷う時間が減り返事がしやすいのです。

3 あえて聞かず「なんで？」と思わせる

相手にとってネガティブな話ほど、切り出し方が難しいものはありません。安易に言及すると逆鱗に触れる可能性もあるので、細心の注意が必要です。

以前、ある不祥事でニュースになったお笑い芸人に取材したときのこと。

その時点で散々SNSで叩かれ、メディアの直撃も受けすぎて、不祥事の話には辟易しているだろうと思ったので、あえてその話題には触れずに他の話題についてお聞きしていました。

でも、聞きたいことが頭にあると、どんな「他の話題」をふればいいか、気もそぞろになりますよね。

私の場合は、取材相手のSNSの投稿をまず参考にします。ご自身の活動の宣伝や、趣味の一片を垣間見られるので、話題にしやすいのです。

著名人でなくても、相手のSNSの投稿を見ておいて、食べたもの、出かけた場所、読んだ本などについて聞けそうです。SNSは相手が「話したい」「触れてほしい」ことの宝庫です。

ちょっと脱線して、記者話になりますが、

「インスタ見てますよ。最近サウナにハマってるんですね?」

「いつもはどなたと行っているんですか?」

「飲食店をオープンすると聞きました。どのあたりに出店します?」

こういう話から、週刊誌の記事ができあがることもあります。「実はサウナ関連の仕事が増えていて」と仕事上の変化を聞けたり、「○○さんとよく一緒に行くんだよね」など、知らない交友関係が見えてきて、さらに取材を進めると、よくサウナに行く友人の親友が恋人だった、とか……。

話を戻すと、とにかく、相手が話しやすそう、話したそうな内容を選ぶことをおすすめします。最近始めた趣味、好きなもの、楽しかったことなど、盛り上がるかも？と想像できる話が理想です。

先ほどお話しした芸人さんは、別の話をしているうちに、「あれ？　不祥事については聞いてこないの？　みんなその話ばかり聞いてくるのに、聞かなくていいの？」と自分から言ってきたのです。

こちらとしては願ったり叶ったりで、

「世間が騒ぎすぎて、さすがにもう話したくないのではと思ったので遠慮していました」

と話したら、

「そう言われると、話したくなるなぁ」

と結局ご本人から不祥事の裏事情を語ってくれました。

一番聞きたいことをあえて聞かずにいると、逆に気にして本人から話してもらえることもあるのです。

4 ポジティブ予想質問「ポジクエ」で本音を探る

取材をしていてちょっと空気が重くなってきたな、口数が減ってきたな、と思ったらすかさず投げかける質問。それがポジティブ予想クエスチョン、略して「ポジクエ」です。

「ポジティブ予想」とは、当てにいくわけではなく、ポジティブな印象を抱いていることを伝えるのが目的です。

おしゃれな人やセンスが光る方に「もしかして、ファッション関係のお仕事をされているのでは？」とか、スタイルの良い方、筋骨隆々な方に「何かスポーツをされているのではありませんか？」とか、声が素敵な方に「声優をされていたことがありませんか？」とか。

「おしゃれ！」「スタイル良い！」「声が素敵」などストレートに褒めることに抵抗を持つ方、恥ずかしい方にも使いやすく、単に褒めるよりも、そう思う背景を伝えられるので、真実味も増します。

ある男性アイドルが所属事務所を退所して独立したとき、その背景を知るために直撃取材したことがあります。単に辞めた理由を聞いても適当に流されるのがオチなので、ＳＮＳで趣味や活動内容を調べて、あたりをつけてから取材することにしました。その俳優さんは多趣味で人生を謳歌しているように見えたので、誰か目指している人がいるんじゃないか？とポジティブ予想の質問をしたのです。

「ＳＮＳを拝見していると、趣味をすごく楽しんでいらっしゃいます。誰か参考にされている方はいらっしゃるんですか？　所ジョージさんを目指しているのではという話もありますが」

「ふふふ、そういうのはないですね」

そのあと、趣味の話を掘り下げて気分を盛り上げてから、また話を戻し、「今後の活動が楽しみなので、独立された理由がどうしても知りたくて……」とファン代表になりきって聞いたところ、ついに事務所を辞めた真意を聞き出すことができました。

この「ファン代表になりきる」というのも大事です。相手を「好き」という気持ちや「知りたい」という気持ちを込めると、相手に思いは伝わります。すると、「こんなに思ってくれている人のことを無下にはできない……」と相手も感じてくれる気がしています。

このときは、ポジティブ予想クエスチョンとセットで、趣味の話を楽しくしゃべってもらったのも良かったのでしょう。

後日、その男性アイドルが出演したラジオ番組で、「記者が来て一生懸命いろいろ聞いてくるから、つい話をしちゃったんだよね」と語っていたらしく、「山田さんのことだよね」と職場の人に教えてもらったときは、すごく嬉しかったですね。

普段の会話でも、「ポジクエ」を意識すると相手がつい本音を語ってくれることがあるので、ポジティブな予想をする習慣を身につけると役に立ちます。

5 「あれ?」と気づいた変化は即伝える

髪型が変わったり、いつもと洋服の雰囲気が違ったり、体調が悪そうだったり、ケガをしていたり……。

相手の変化に気がついて「あれ?」と思ったら、すぐ口に出して伝えていますか?

気になった変化について即伝えると、「私はあなたに興味関心がありますよ!」というプラスの意志表示にもつながります。

「いつもと違う雰囲気のワンピース、素敵ですね! どこか行かれるんですか?」

「実はこれから初デートなんです」

こんなやりとりも109の頃はよくありました。

そこから話が広がると、次のデートのシチュエーションにぴったりなお洋服もオススメできます。


良い変化だけでなく、悪い変化も、見て見ぬフリは悪い印象を与えます。

もしも、上司が足を包帯でぐるぐる巻きにして松葉杖をついていたら、「足、どうされたんですか？　大丈夫ですか」と聞きますよね。

ところが、相手の変化に気づいても見て見ぬフリをしてすぐ本題に入る人がいます。大事な商談の場面や、締め切りの時間までにやるべきことがある状況など、ほかに優先したいことがあって余裕がないと、そうなりがちではないでしょうか。

確かにそういう場では言い出しづらいですが、誰もが気になっているはず。上司本人も迷惑を考えて、つらくても言えないのかもしれません。だから、そんな気遣いのひとことを、あなたが言ってみてください。

なかには、「自分のことはいいから早く本題に入ってくれ」と言う人もいるかもしれません。照れ隠しの人もいれば、詳しく聞かれたくない人もいて、事情はさまざまでしょう。その場合は、「わかりました。もし休憩が必要なときはおっしゃってください」とだけ伝えて、本題に入ればいいのです。

会った瞬間、「あれ?」と思ったことはとりあえず聞いてみると、「待ってました!」と言わんばかりに饒舌になる人もいます。すると、その後の話も格段に盛り上がるのです。そして、ケガや病気などであれば、心配してくれる人には信頼感が芽生えるはずです。

「この人には話しやすい」と思わせる

6 相手が話したいことは徹底的に聞く

「相手に話したいことを全部話させてから、こちらの聞きたいことを聞きなさい」

これは、私が大学生のときにインタビューしてから長年お世話になっている、芸能リポーターの石川敏男《いしかわとしお》さんから教えていただいたことです。

この道50年の石川さんは、会話の駆け引きが本当にお上手で、最近では田中みな実《み》さんと亀梨和也《かめなしかずや》さんの交際第一報を報じた人物でもあります。

直撃取材で時間がないとき以外は、この石川さんのアドバイスを守って、相手が話したいことを聞き終えるようにしています。すると、「こんなに聞いてもらって申し訳ない」という気持ちになるのか、こちらの質問にも答えてくれるのです。

１０９時代も、お客さまから何か悩みを相談されたら、時間の許す限り話を聞いていました。

悩みや不安のモヤモヤを吐き出すと、安心感を覚えて心が浄化されるカタルシス効果が得られるといわれています。すると気持ちがスッキリして、人の話を聞く心の余裕ができるのです。

「聞きたくもない他人の話を徹底的に聞くなんて時間の無駄じゃない？」と思う人もいるかもしれませんが、とんでもありません。

相手の話を聞けば聞くほど、お互いにとってプラスになるのです。

7 白黒つける必要はない

もしもあなたの話を、「それは間違ってるよ！」と頭ごなしに否定されたらどんな気持ちになるでしょうか？　たとえ本当に間違っていたとしても、その相手とはそれ以上、話す気になりませんよね。

不倫している男性に取材するときも、「不倫しちゃダメですよね」と正論をぶつけたところで、何も話してくれません。

人の話を聞くときは、正しいか正しくないか、白黒つける必要はないのです。最優先すべきは、相手の心の所在を推し量り「理解しようとする」こと。

特に接客や取材など相手ありきの場面で、自分の意見や価値観を押しつけるのは、上から目線で相手を見下していると思われかねないのでタブーです。

相手から意見や感想を求められたら、率直に伝えたほうが信頼されます。でも、そうでなければ相手の気持ち最優先で話を聞くことだけに集中しましょう。

8 意見を言わず黒子に徹する

前項と似ていますが、人の話を聞くより自分の意見を言いたがる人っていませんか？

「聞く」ということは、相手の心の引き出しから、相手の気持ちや考えを一つずつ取り出して、話してもらう作業です。そこで自分の意見を言ってしまったら、相手は取り出しかけた言葉を手に持ったまま聞き役になったり、あるいは引き出しにまたしまってしまいますよね。

それが頭ではわかっていても、基本的に人は話を聞いてもらいたい生き物ですから、相手の話題を奪って自分が主役になろうとする人が多いのです。

ではどうすれば、聞き役に徹することができるでしょうか？

考えた末に辿り着いたのが、主役がいるときは自分は黒子になりきり「意見を言わない」に徹すること。

私がそのことを悟ったのは、接客と記者の仕事がまったく違うと気づき、聞き上手な人たちを研究していた頃です。

先輩記者の取材に同行したときは、やりとりをよく観察して分析し、レポートにまとめ、テレビやラジオで聞き上手な人がいたら、どんな手法を用いているのか意識しながら会話を聞いていました。

その時期に学んだことを実践してみて、「こうすれば話してもらえるんだ！」と腑に落ちたのが意見を言わないために黒子に徹したときだったのです。

１０９の頃は「私は私！」を貫くバリバリ主役の意識で仕事をしていたので、大げさかもしれませんが、黒子になりきるには「自分を殺す」ぐらいの覚悟が必要でした。

相手からこちらへ近づいて来てくれる仕事と、自分から相手に近づいていく仕事とでは、接し方が１８０度異なります。

後者の場合、「私は」「僕は」「自分は」という主語をいったん捨てて、「聞くことはしても話しすぎない」意識を持って黒子になりきらないと、相手は心を開いてくれないのです。

9 相手8：自分2のバランスで話す

相手の話を聞いてばかりだと、自分が必要としている話を聞き出せない……。

あなた自身も話したい場合は、自分の話が2割のバランスを意識すると、相手が気分良く話すリズムを崩すこともありませんし、あなたが聞きたいことも聞き出せます。

飲み会で、ある週刊誌の編集長と話す機会があったのですが、「うんうん」「へえ」「そうか」と共感しながら私の話を聞いてくれるので、ついついしゃべり過ぎてしまいました。とはいえ、こちらがアドバイスを求めると、簡潔にちゃんと納得できる話をしてくれて、まさに8：2のバランスだったのです。
⑥でご紹介した石川敏男さんも聞き上手で、多くの芸能関係者から相談を受けていますが、要所要所で自分が聞きたいこともしっかり聞き出しています。

だから、まだ誰にも知られていないネタをたくさん持っているのです。
相手の話を聞くことに徹すると、自然と知りたい情報も集まってくるというわけです。

10 困ったときの「ぜんこうじ　あいがとまらず」

頭でいくら「聞き方」のコツがわかっていても、いざというとき役に立たなければ何の意味もありません。
そこで私が呪文のように唱えて頭に叩き込んでいる言葉があります。

「ぜんこうじ　あいがとまらず」

ぜん　↓　前傾姿勢で相手のほうに体を向けて前のめりで聞く
こ　↓　ここぞという時に目を見て「聞いてます！」アピール

う　↓うなずきの深さで関心度の高さを示す
じ　↓上限まで口角を上げて表情豊かに（笑顔が基本。悲しむ時は共感の表情）

あ　↓相手が会話の主役
い　↓意思を尊重
が　↓我を出しすぎず、自己開示は2割を意識
と　↓得意分野を掘り下げ
ま　↓真面目に耳を傾け
ら　↓楽に、できる限り自然に（緊張しすぎない）
ず　↓ずっと「あなたのことを知りたい、好き」という思いをもって聞く

困ったときはこの語呂合わせ、ぜひ思い出してみてください。

他では聞けない「深い話」を引き出す

11 質問には同じ質問を聞き返す

こちらから話題を振ったわけでもないのに、相手のほうから何か質問されたら、自分にも同じことを聞いてほしい合図だと思ってほぼ間違いありません。そのときは、相手の欲求を満たすためにも、聞かれたことは必ず聞き返すようにしています。

取材中に、こちらの質問に答えるより先に「最近、旅行しました?」と聞かれたら、旅行の話がしたいというサイン。そこで、「最近、近場には行きましたけど、○○さんはどちらか旅行されたんですか?」とすぐにバトンを返します。

このケースは仕事やプライベートでも本当に多いので、聞かれたことには手短に答えて、すぐに聞き返す。このワザは常に意識しておきたいですね。

12 話を縦に掘り下げ、横に広げる

相手の話の中に、キーワードとなる種を見つけたら、縦に掘り下げ、横に広げていくと話が展開していきます。

たとえば、相手が「昨日買ったプリンが美味しかった」と話しはじめたら、「へぇ、そうだったんだ」と受け流すだけでは話が続きません。

でもプリンを種に、「どんなプリンだったの?」「どこのお店で買った?」「甘め?それとも甘さ控えめ?」と縦に深く掘り下げて話を引き出すこともできます。

あるいは、「プリンの他にも好きな甘いものはあるの?」「そのお店は誰かに教えてもらったの?」とプリンに関する他の質問をすると、話が横に広がっていきます。

これは記者も編集者も自然にやっていることで、私が記者になりたての頃は、「この話は横じゃなくて縦に深掘りしてほしかった」と指摘されたこともありました。

著名人の取材で起きがちなこととして、こちらが尋ねていないのに、すでにメディアで何度も話している話を本人がどんどん縦に深掘りしていくケースがあります。話し慣れている話題は、何も考えずに話せるので楽なのです。

でも、こちらとしては新しい情報を聞き出したいので、「ご両親はなんとおっしゃっていたんですか?」「そのとき奥さまとはどんな状況だったんですか?」と、第三者の視点で話を横に広げていきます。すると相手も、「そういえば……」と客観的になり、レアな話を聞けることがあるのです。

それでも話が広がらないときは、単純に「他にはありますか?」と単刀直入に聞いてもいいでしょう。

縦の視点を横に変えるだけで、話はどんどん広がっていきます。

13 「もし〜」でもう一歩踏み込む

聞きたい話を、もう一歩踏み込んで聞き出したい。

そんなときは、「もし〜だったら」と仮説を立てて、ちょっとあざとい聞き方をするのも効果的です。

直撃取材でよく使うのは、「もし娘さんがご結婚されたら〜」「もしお孫さんが生まれたら〜」といったポジティブな仮説質問です。

特に、子どもの結婚や孫の誕生などのお祝い事は話が弾むもの。

「実はすでにそんな話が出ていて花嫁姿が楽しみで」

「いつも甥っ子たちを可愛がっている娘の孫の顔も早く見たいですね」

と打ち明けてくれた、人気アイドルの結婚相手のご両親もいました。

「でも、相手は超有名なアイドルグループの一員なのに本当に結婚なんてできるのかしら……」

「ファンがどんな反応をするか心配。反感や反発は聞いていていないですか？」

と、最後は悩み相談までしてくださった娘思いの素敵なご両親でした。

「もし～」を考えるときは、話題の本で使われている言葉をフックにすることもあります。

たとえば、永松茂久《ながまつしげひさ》さんの『君は誰と生きるか』（フォレスト出版）という本の帯にある「もし明日死ぬとしたら、誰と過ごしますか？」というキャッチコピー。これは、何度も取材で使わせてもらいました。

この言葉で一気に話が広がる人もいて、「彼女と愛犬と、船旅で世界一周して、海の上で死にたい」としんみりと話をされた方もいました。

このように、仮説質問で視点をガラッと変えると、想像もしなかった話を聞けることもあるのです。

14 共通の悩みを話す

前にも触れたように、会話のきっかけをつくる相手と自分の共通点は、趣味や好きな食べ物など比較的ポジティブな要素が多くなります。

逆に、相手が問題を抱えているときは共通の悩みを打ち開けると、距離がぐっと近づくのを感じます。「この人ならわかり合えるかも……」と思ってくれるのかもしれません。

女性誌の読者に介護の悩みについて取材したときも、こんなふうに切り出しました。「実は私の母も祖母の介護が大変で……」と話しはじめたら共感してくださって、お互いの悩みを相談し合うほど深い話をしてくれたのです。

職場の人間関係、夫の浮気や離婚、子育て、ママ友関係など、仕事からプライベートの話まで、悩みがない人はいませんよね。

もし自分が相手と同じ悩みを抱えていたら、思い切って話してみると、相手も誰かに聞いてほしかったことを話し始めるかもしれません。

自嘲的に聞こえるかもしれませんが、「自分の人生はすべてネタ」だと私は思っています。相手が話しづらいことを聞かせていただくとき、相手だけに話していただくのをためらうようなとき、自分の悩みもどんどん開示してしまっています。

15 部下の本音を聞きたいときは1対2で

職場の人間関係でも、本音を話しやすい人とそうでない人がいます。

私が以前、新入りの記者4人の教育担当を任されたときは、彼女たちの悩みや困りごとが何なのかを知るために工夫を重ねました。

張り込みや直撃取材の現場で、彼女たちとじっくり話をするのは難しかったので、現場が終わったあと一緒に食事してお酒を飲みながら話を聞いていました。

やはり仕事が終わったあとは気も緩みますし、お酒が入るとよりリラックスして話してもらえるからです。

その際、絶対にしないと決めていたのは、求められていない自分の意見や常識を押しつけたり(第1章⑧、第6章㉟で詳説します)、上から目線でアドバイスすることです。

そのうえで、何度か彼らと話していて、1対1より1対2のほうが、素に近い状態でしゃべってくれることがわかりました。

同じ悩みを持つ人が1人より2人だと、「自分だけの問題じゃない」と打ち明けやすくなります。安心感も2倍になりますよね。

「あのカメラマンとはうまくいかない」「あの人は苦手だよね」「こういうときどうすればいいかわからないよね」といった具合に、2人で確認しながらだと話しやすいのです。

もちろん、他人には知られたくないような部下の込み入った話を聞くときや、社外の人と大事な話をするとき、直撃取材では1対1のほうが効果的です(第3章㊷参照)。でもそうではなく、相手が本当のところ何を考えているのか、素顔がどんな人か知りたいときは、同じような立場の人をもう1人連れて食事でもすると構えずに話してくれるでしょう。

16 「ここぞ！」というときの否定意見でハッとさせる

「相手の心の所在を推し量り理解しようとする気持ち」が聞き上手の大前提ですが、例外もあります。これは近しい人間関係に当てはまるケースですが、本当に違うと思ったことはあえて否定したほうが、信頼関係が深まることもあります。

記者になった頃からお世話になっている上司には、私は基本的にイエスマン。言われたことは何でも聞き、何でも実践してきました。

ところが、その上司に対して周囲から不満や批判の声をチラッと耳にして、「これはマズいかも」と思ったことがありました。

ちょうど、その上司に本書について話す機会があり、テーマも「聞き方」ということで、その流れで「最近、職場のみんなの話は聞けていますか？」とさりげなく聞いてみました。

すると、「そういわれれば最近、話を聞けてないかもしれないな」と返ってきたので、「それはよくないですね」とあえてハッキリと否定したのです。

もちろん、否定したからには、相手に納得してもらえる理由も必要です。そこで、ラジオで聞いた映画監督の是枝裕和《これえだひろかず》さんの話を引き合いに出しました。

「是枝監督は、常に新しくよりよいものを生み出すために、撮影中に監督見習いの新入りに必ず『今のシーンどうだった？　素直に言ってみてほしい』と意見を聞くそうです。自分を凝り固めないように意識的に行っているそうで、私もいつか、部下をもつようになったら、真似したいなと思いました。〇〇さん（上司）はどうですか？」

そんなやりとりをした数日後。周囲の人から「〇〇さん、変わったよね」という声を聞くようになりました。

部下の仕事の成果を認めて、「〇〇さんがあの仕事をしてくれたおかげで売上げが上がった」と名指しで褒め、一人ひとりの声に耳を傾けるようになったというのです。

もともと内面では部下たちのことを気にかけていても口に出して言わない人なので、

私も「思ったことは本人に伝えないともったいないないですよ！」と言ったこともありました。

そういうことが気兼ねなく言えるのは、私が正社員ではなく、厳密には直属の上司と部下という関係ではないからというのもあります。

利害関係がある人に対しては、やはり否定的な意見は言いにくいかもしれませんが、相手が納得できる理由があればむしろ「よくぞ言ってくれた」と思ってもらえることもあるはずです。

17 SNS・LINEのやりとりで必ず拾いたい話題

遠方にいる人や直接会えない人に取材する場合、SNSやLINEをよく活用しています。

チャットやメッセージのやりとりだと、面と向かって話すより気が楽なのか近況を伝えてくださる方が多く、そのなかに相手が話したいキーワードが隠れていることがあります。

コロナ禍で、海外に出稼ぎに行っている人にSNSのメッセージを利用して、どのくらいお金を稼いでいるのか取材したときのこと。その男性から来た回答の最後に、「今、生後3カ月の子どもがいて大変なんです」という一文がありました。出稼ぎの話とは関係ないので通常は、「それは大変ですね。がんばってください」ぐらいで終わらせる記者が多いと思います。

でも私は、「うちも生後半年の子どもがいるんです。可愛いですけど夜泣きとか大変な時期じゃないですか?」と返事をしました。すると、取材では出てこなかった家庭の内情など長文のメッセージが返ってきたのです。

さらに、「出稼ぎの理由を友人に聞かれてもうまく説明できなかったけど、山田さんの取材で自分の気持ちを整理できて、改めてこっちで働いてよかったと思うことができました。ありがとうございました」と感謝までしてくださいました。

以来、SNSやLINEの文面に、こちらが聞きたいことと無関係なワードがあったら必ず拾って話を聞くようにしています。

メッセージ取材を試みる記者やマスコミ関係者の多くが、必要なことだけを相手から聞き出そうとしているようです。「途中で連絡が途絶えた」「100件メッセージを送ったけど全滅！」という声を聞くのが日常茶飯事なのですが、私はそれが原因ではないかと感じています。

反対に私は、SNSでもLINEでも高確率で取材に成功しているのは、相手が話したい言葉を意識的に必ず拾うようにしていることが、プラスになっている気がしています。

きっと、芸能リポーターの石川さんからいただいた「相手に話したいことを全部話させてから、こちらの聞きたいことを聞く」というアドバイスを肝に銘じているからですね。

記者の追跡を逃れる交通手段とは?

週刊誌の取材を怖れている芸能関係者は多いと思うが、どんな交通手段を使えば記者の追跡を逃れられるだろうか?

逃げたいときは「徒歩を挟め」とアドバイスしている探偵マニュアルもある。しかし、今まで何人も芸能関係者を追跡してきた私に言わせると徒歩はしっかりと追うことができる。逆に追い切れないのは自転車なのだ。

某グラビアアイドルが野球選手と交際しているという情報が入り、女性側を追跡したときは驚いた。彼女は、某大富豪の文化人と六本木のザ・リッツ・カールトン東京で食事したあとエントランスまで男性に送ってもらいタクシーに乗車したのだが、メーターが上がる前にタクシーを降りたのだ。そこから2駅だけ地下鉄に乗り、駅に止めてあった自転車で自宅まで帰ったため追い切れなかった。

バイクも追いづらいが、愛用している著名人はたいてい事前に情報がある。だから1人でバイク移動できる記者を配置する。しかし、自転車愛用の著名人については事前情報を得ていたことがない。急に登場する自転車ほど追い切れないものはない。

後ろめたいことをしている芸能関係者は自転車を使うと追跡されにくいかもしれない。

第2章

気分よく話してもらう

魔法のワザ

Kibun Yoku Hanashitemorau
Mahou no Waza

こちらの都合で時間をいただくわけなので、
相手には、せめて「話せてよかった」という後味を残したい。
それに気分が乗って、饒舌になれば、
思いがけない話に発展するかもしれません。
最大のポイントは、やっぱり「褒める」。
そして、お世辞ではなく本心で褒める方法があります。
本当に思ったことは、ちゃんと響きます。

鉄板のホメ殺し

18 いつでもどこでも「全肯定！　全褒め！」

初対面の人はもちろん、面識がある人でも、会って3秒で素敵なところを見つけて即伝えると、相手の気分がぐっと上がって口が滑らかになります。

「3秒でなんてムリ」と思った人でも大丈夫。

相手の持ち物や身につけているものを素早くチェックしましょう。

「そのシャツ、素敵ですね！」

「キレイなネイルですね！」

「ぱっと目を引く時計ですね！」

というように、目に付いたものの魅力をひと言伝えるだけでいいのです。相手も、「ありがとう」と喜んでくれて、その持ち物から話が広がることもありますし、なにより会話がスムーズに進みます。

記者になりたての頃、男性誌のグラビアページの撮影に立ち会う機会があり、「胸がきれいな女性」として選ばれた「セクシー女優」の方が上半身に何もまとわずスタジオ入りしたことがありました。

その女優さんは最初、緊張気味で口数が少なかったのですが、撮影がはじまると、編集部の先輩スタッフやカメラマンが「綺麗！」「可愛い！」「そのポーズ最高！」「いいよ、その表情！」と褒めの言葉を次々とかけたのです。「もう少しこうしたほうがいいんじゃない？」のような否定の言葉を発する人は一人もいません。

すると、みるみるうちに彼女の表情がいきいきとして、一層美しく、笑顔が華やかになっていきました。

「綺麗」と言われ慣れている人でも、その場にいる人が全肯定、全褒めすると、別人のように表情が明るくなる。そんな姿を目の当たりにした瞬間でした。

撮影が終わると、そのモデルさんは撮影前とは打って変わって元気にスタッフに挨拶してくれて、いつまでも楽しげに話していました。このときの写真の仕上がりがすばらしく、読者からの反響も熱かったことは言うまでもありません。

「全肯定！　全褒め！」は、気分良く話してもらって仕事の出来もアップする特効薬なのです。

19 「○○さんも褒めていた」と第三者を有効活用する

同じ褒め言葉でも、自分だけ言うより「○○さんも褒めていた」と第三者の話をプラスすると、説得力が増します。

初対面の人に会うときや、仕事を依頼するときも、「○○さんに紹介されて」「○○さんにオススメされて」とひと言伝えるだけで、相手の対応が変わります。

取材するときも、私はよく第三者を活用しています。たとえば、ある有名人が通っているリラクセーションサロンに潜入取材したときのこと。

潜入取材では私も客として行くのですが、訪れた際に、その方が「ここのサロンはすごくいい！」と絶賛していると、共通の知人から聞いたと伝えました。すると、サロンの店長が嬉しそうに「ずっと前からうちに通ってくれて、お母さまも来てくださっているんですよ」といろいろ教えてくれたのです。

109時代も、私の不在時にお得意さまを接客したスタッフが、「あのお客さま、以前より垢抜けて洗練されたよね」と言っていたので、次にそのお客さまが来店したときすかさず伝えたら、とても喜んでくれました。

周りの人が誰かを褒めていたら忘れずにメモしておくと、思わぬところで役に立つかもしれませんよ。

20 人が褒めないポイントを褒める

「この人はよく自分のことを理解してくれている」と相手に思ってもらえると、心を開いてくれてぐっと距離が縮まります。

その手っ取り早い方法は、誰も気がつかなかったり、気がついてもあえて言わない相手の良いところを見つけて褒めることです。

ある女優さんの情報を集めていたとき、お母さまが占い師をしていたので、私もお客として占ってもらいながら、娘さんの話を投げかけてみました。

「(その女優さんは)クールなイメージですけど、実はやさしくて、新聞配達で家計を助けてくれたそうですね」

「昔の苦労話とか、下積み時代は端役ばかりだった話とか、知れば知るほど応援したくなってファンになったので、お母さまにも会ってみたいと思ったんです」

そういう話をしたら、「あなたよくご存じね」と言って、お母さまのほうからその女優さんのことをいろいろ話してくれたのです。

キラキラ目立つところだけが褒めポイントではありません。人が気づかない、あるいは一見素敵だと思わないようなことでも、見方を変えればその人の魅力なのです。こうしたポイントを褒めると、「この人はわかっているな」と思ってもらえます。

とはいえ、そう思ってもらうための嘘はおすすめできません。ふだんから、隠れ褒めポイントを探す視点で他者を見る心がけがあれば、必ず見つかります。その視点を持っていると、また思いがけない話を聞けるかもしれません。

21 「ご存じのように」で抵抗感をなくす

大学教授や専門家をはじめとした識者に話を聞くとき、私が前置きでよく使う言葉が「ご存じのように」です。

これも一種の褒め言葉で、「あなたのような博識な方はすでにこの話は知っていますよね」と暗にほのめかしているので、「いや知らないです」と言われたことはありません。

すると、次の質問に対する抵抗感が薄まるのです。

例えば、医師に、新型コロナウイルスの治療薬について尋ねるとき、すでに開発されている薬品があった場合、

「○○という薬品が開発されています。知っていますか?」と聞くと、上から目線に感じ取られたり、最悪「知らないわけないだろう!」と怒られることも。

なので、「ご存じかとは思いますが。○○という新薬がすでに開発されていますね」と言い、そのあとで、「更なる新薬の開発は進んでいますか」と聞きます。

すると、「もちろんあの新薬は知っているよ。あの薬品、表立ってはこんなふうに言われているけれど、実際にはこんな副作用があって」など上機嫌で話してくれます。

ほかにも、「ご存じかとは思いますが、昨今こんなダイエット法が話題ですね。次に話題をさらいそうなダイエット法はどんなものでしょうか?」という質問もしたことがあります。

接客業でもこのワザはよく使いました。

「お客さまだったらすでにご存じだと思いますけど、今この服が大人気で売り切れそうなんです。すでにお持ちですか？」と言って、すでに持っていたら「やっぱり！さすが早いですね」と褒めます。

もし持っていなかったら「○○さんだったら絶対似合うから、一枚持っていると使えますよ！」と褒めて推すと、ほぼみなさん買っていきました。

いずれの場合も「ご存じだと思いますけど」は、「お客さまはそもそも流行に敏感な方なので」という褒めを含んでいるので、「追い褒め」をしているわけです。

こんな風に言われたら、私でも気分良くなって買っちゃいます。自分が言われたら嬉しいことが、褒めポイントの条件です。

22

「質問」と「褒め」をセットで繰り返す

１０９時代、私も含めて周りのギャルの間で黒柳徹子《くろやなぎてつこ》さんが人気でした。徹子さんは、ファッションもヘアスタイルもオリジナリティがあって、自分を貫いているところがすごく魅力的なのです。

コミュニケーションのうまさも突き抜けているので、長寿番組「徹子の部屋」（テレビ朝日系列）を見ていると真似《まね》したくなるポイントがたくさんあります。

その一つが、「褒め」と「質問」をセットにする話術です。

「あなた、その服よく似合ってるわね。どこで買ったの？」

「あなた、ずいぶんお痩せになられたわね。何かはじめたんじゃないの？」

こんな風に、褒めと質問をハイスピードで繰り返して、相手の近況を爆速で聞き出していくのです。

褒めるのは相手の気分を良くさせるだけでなく、自分の価値観を伝えることでもあります。であれば、自分を知ってもらうためにも、相手のいいところはどんどん褒めて、気になることはどんどん聞いちゃったほうが、お互いを理解するスピードも早まりますよね。

相手の個人的なことを尋ねる場合、自分のことは話さずに、相手のことだけ根掘り葉掘り聞くのは、都合が良すぎるというものです。徹子さんは、自分自身の個性や価値観を「自分のことを話す」という直接的なかたちではなく、ファッションや相手への誉め言葉や質問でオープンにしている稀有な方です。真似をするのはそう簡単ではありませんが、私もそうなりたいなぁと憧れています。

23

1歩先の質問で知りたい情報を聞く

気になる情報を教えてほしいけれど、「いきなり聞くのは失礼かも……」と思ったとき。先ほども触れた「褒めと質問」セットの黒柳徹子さん方式でも、ざっくりとした返事はしてくれるでしょう。

「最近、痩せてきれいになりましたね。何かしているんですか？」

「いや、特に何もやってないんですけどねぇ」

あるいは、

「半年前からランニングはじめたんですよ」

といった具合です。

ただ、もっと詳しい話が聞きたいときは、1歩先の質問をプラスします。

「すごくスタイルよくて素敵ですね！　どんなことに気を遣われているか教えてほ

しいです！　食事は玄米ですか？　筋トレとかランニングも続けているんですか？」

このように具体的に聞くと、より詳しいダイエット法について教えてくれるでしょう。もしこちらの予想と違っていても、「最近、ビーガン生活をはじめたんですよ」とか、「ピラティスとランニングを続けています」のように具体的な話に落とし込んで答えてくれます。

ポイントは、いかに相手が答えやすいヒントを与えられるか、なのです。

24「もう1回聞かせて」で鉄板ネタを褒める

聞き方上手な徹子さんから学んだ点は他にもあります。

「徹子の部屋」のやりとりを注意深く見ているとわかるのですが、ゲストから前に聞いた面白い話を、「あの話、また聞かせてちょうだい」とお願いしていることがよくあります。

すると相手は「またですか？」と言いながらも、まんざらでもない様子で嬉しそうに話しはじめるのです。

あなたにもきっと1つや2つあるはずです。なにかにつけて友だちに話題にされる自分の思い出話が。


私も、親友に人を紹介するといつも話題にされる鉄板ネタがあります。

その親友が両国で一人暮らしをしていた家にはじめて泊まりに行ったとき。私が両手に缶チューハイを持って、パンパンに詰め込んだリュックを背負って、目をキラキラ輝かせながら駅前で待っていた、というだけの話ですが。

それを親友が会う人会う人に話すので、「またこの話か」と思いつつも、みんな笑っておもしろがってくれるし、そのときの思い出もよみがえってきて和やかな気分になります。


徹子さんもきっと、「またか」と思われても、前に聞いた話をもう一度楽しみたいのだと思います。ゲストも、「よく覚えてくれているな」と嬉しいはずですよね。

会話のリズムがテンポよく進んでいくのも、「あなたの話を聞くのはとっても楽しいわ！」と、言葉や態度で徹子さんがアピールしているからなのでしょう。

25 最近、楽しかったことを聞く

話のネタに困ったときは、単刀直入に「最近、何か楽しいことはありましたか？」「最近、新しくはじめたことは何かありますか？」と聞いてみてもいいでしょう。

どちらも、相手に興味関心があることを表す質問ですから、悪い気はしませんし、実際に楽しかったことがあれば、喜んで話してくれるはずです。

このとき、「私も最近〇〇があって～」と、つい自分の話もしたくなりがちですが、そこはぐっとこらえて、さらに相手への質問をプラスして掘り下げていくと、「あなたに興味がある。あなたの話が聞けて嬉しい」という意志表示になります。

人は基本的に、自分が話したい生き物ですから、常に相手を主語にした会話を心がけたいですね。

26 褒めの天才、徳川家康に習う「うらやましい」作戦

いきなり歴史人物を引き合いに出してびっくりされたかもしれません。

でも、少し歴史に詳しい人ならおわかりだと思いますが、「褒め上手といえばこの人！」といわれる徳川家康《とくがわいえやす》について、どうしてもここで取り上げたいのです。

２６０年も続いた江戸幕府を開いた徳川家康の側近には、四天王と呼ばれるとても優秀な部下がいました。その４人をはじめとした部下たちに対し、家康は常に「聞き上手」で「褒め上手」だったといわれています。

家康自身はあまり多くを語るタイプではなく、部下の話を聞くことを優先し、意見をうまく取り入れて活躍させていました。

家康が率先して発言しなかった理由は、「部下の思考や行動を拘束し、部下の意欲、能力を阻害してしまう恐れがあるから、リーダーは口を慎むべきだ」と考えていたか

らです。自分より優秀な部下を「うらやましい」と思うくらいの気持ちで尊重していたのではないかと思います。

一方で、武田信玄《たけだしんげん》に大敗したときは、家臣に泣きついて「至らなかったところがあるかもしれん」と弱みを見せるところもあったといいます。すると部下たちも、「弱みをさらけ出してくれるほど信頼されているんだな。もっとお力になれるようにがんばろう」と思いますよね。

実際、天下統一を成し遂げた豊臣秀吉《とよとみひでよし》が、「世間で宝といわれるものの大半は集めた」と自慢をして、家康に「おぬしはどのような宝を持っているか」と尋ねたときのこと。家康は、「私は田舎の生まれなので、これといった秘蔵の品はありませんが、私のために命をかけてくれる家臣が500騎ほどいて、それが一番の宝です」と、最大級の言葉で部下を褒めて返答したそうです。

2代目で滅びた豊臣家と、260年も続いた徳川幕府の違いがよくわかるエピソードですね。

「聞き上手」で「褒め上手」な人は、人の育て方も上手なのです。

27 効果絶大の相づちは感嘆詞＋「さしすせそ」

相手の話をうながして気持ちよくしゃべってもらうためには、共感したり、頷いたり、何かしらのリアクションが必要です。何も反応しないでぼーっと聞いているだけでは、すぐ話が終わってしまうでしょう。

そこで、聞き上手な人がよく使っている相づちが次の「さしすせそ」です。

さ　さすがですね！

し　知らなかったです！

す　すごいですね！

せ　センスありますね！

そ　そうなんですね！

この5つに「えっ！」「へえ！」「なんと！」といった感嘆詞をつけると、本音感が増します。

私も取材のときは、感嘆詞＋「さしすせそ」で相手の話に食らいついて、聞き出したい情報を入手することができたことが何度もあります。

タレントのマネージャーから、「実は、あのタレントと俳優が大揉めしていて共演NGなんだよ」という裏話を聞いたときに、「初めて聞きました（「し」の応用）」ではなくて、「えっ！　それは初めて聞きました」と返しました。このほうが驚きが伝わります。反応が良いと、相手はさらに話してくれるものです。

また、ネタを提供してくれるバーが、おつまみに出す新しいビーフジャーキーを仕入れたということで味見を頼まれたのですが、「うわぁ～、これは美味しい（「す」の応用）」というと、相手は「本当に美味しいんだな」と受け取ってくれます。

さらに、官僚にある政治家の裏金（献金など）の流れ方、使い方を取材したとき、相手の話には、「なんと！　それは驚きました！（「そ」の応用）」といった感じです。

私なりに聞き上手な人に欠かせない「リアクションの良い人」を研究した結果が、この感嘆詞だ！と気づき、ここぞというときに使うようになりました。

毎回だと、わざとらしさがあるため、情報を聞いた冒頭が一番使いやすいです。

誰もが知っている「さしすせそ」ですが、勝負の場面で言い忘れるともったいないので、大事な場面ほど「さしすせそ」を意識することを心がけたいですね。

「メリット」を感じさせる

28 相手が話したいことから聞く・伝える

取材で会う人のことは、可能な限り調べて下準備をします。そのとき必ず意識しているのは、相手にとって何がメリットかを知ることです。

たとえばタレントや俳優は、近く公開される番組、ドラマ、舞台などの出演作があれば、一人でも多くの人に宣伝したいはずなので、最初に聞くようにします。

「雑誌の記者が出演作の話を聞いてくれるということは、もしかすると記事に書いてくれて宣伝になるかも」と思って、話をしやすくなるからです。

経営者はもちろん、一般の方に会うときも、その人が今何をしていて、どういうことをアピールしたいのか、ホームページやSNSを必ずチェックします。そして、相手が自分から話したくなることを考えて、最初に聞くようにしています。

最近、美容医療の取材をすることが多いのですが、ある美容クリニックに伺ったときも、事前に調べておいた最新の美容機器について質問しました。

すると、クリニックの院長が、「日本ではまだ発売されていないんだけどね」と裏情報を教えてくれたので、前のめりでお話を聞いたことは言うまでもありません。

相手が話したいことを想定して、話し出せる空気をつくったうえで、ちゃんと耳を傾けているうちに、少しずつ心を開いてくれます。するとこちらにも徐々に興味を持ってくれて、聞きたい話も聞きやすくなり、結果的に自分にもメリットがあるわけです。

29 「あなたに会うと元気になる」と思わせる接し方

会った人にメリットを感じてもらいたいとき、ストレートに喜んでもらえるワザは、「あなたに会えて嬉しい！」「話を聞けて嬉しい！」という気持ちを全力で表現することです。

私は学生時代、自分の興味から経営者の方を訪ねてお話を伺うということをしていたのですが、そうした自分より立場や年齢が上の方に対して、自分に会うことのメリットを考えること自体が、おこがましいかもしれません。

でも、違う視点で考えると、とても忙しい方々に時間をいただくわけなので、相手のメリットを考えることも礼儀の一つでは？と思うのです。

もちろん、明るい笑顔で、こちらの喜びを伝えるだけで聞きたいことを聞けるわけではありません。前の項でもお話ししましたが、相手が話したいことを調べる準備は必要です。

企業の経営者のような方であれば、著書やインタビュー、会社のウェブサイト、SNSなどで、その方の言葉に触れられることが多いでしょう。当時の私は、会う前に、過去の発言のなかから名言だと感じた言葉への感想を伝えたり、その方が共感しそうな別の経営者の名言を話題にして、場を盛り上げるということもありました。

私がお目にかかった経営者は、おどろくほどパワフルな方が多く、こちらもテンションを高く保って、笑ったり頷いたりのリアクションもはっきりと、ポジティブな感情は大げさに表現するくらいが、ちょうどいいと感じていました。

すると、経営者の方々からは、

「あなたと会うと元気になるよ」

「山田さんと話すとパワーをもらえる」

と声をかけていただくことがたびたびあったのです。パワフルで忙しくされているからこそ、きっとお疲れのこともあるでしょうし、元気の源を見つけることにも長けているのではと思います。

何が「元気になる」か、喜びを感じるかは人それぞれ違いますし、経営者でも静かで寡黙な方もいるでしょう。ですので、相手の方のテンションに合わせるようにしていくのがいいと思います。ただ、程度の強弱はあれど、「明るく話す」「笑顔を向ける」「相手に会えた感謝の気持ち」はどんな方にも共通して伝わり、温かい気持ちになるものだと思います。

それだけで、わざわざ時間を割いてもらった恩返しになりますし、それが相手にとってのメリットだと思うのです。

30 命令やお願いより効果的な「誘導話法」

何か果たしたい目的があり、自分一人の力だけでは達成できないことがわかっているとします。

こういう場合、あなたならどうするでしょうか？

あきらめるのは簡単ですが、どうしてもあきらめられないときは、人に協力してもらうしかありません。

でも、ただお願いするだけだとイエスかノーの2択になり、50％の確率で断られます。そういうときこそ、相手がメリットを感じるかたちにもっていきつつ目的を果たす「誘導話法」の出番です。

以前、私が記者をしている女性誌が主催する「国民的推しMENコンテスト」で、若手の男性タレントに参加してもらうため、マネージメント事務所に何カ所か電話をかけて依頼したことがあります。

依頼とはいえ、「こんなコンテストがあるので、所属されている俳優さんに出てもらえませんか？」とお願いするだけではメリットを感じてもらえません。

そこでまず、今回のコンテストの様子が数十万部発行の女性誌のグラビアページに掲載されることを伝えました。そのうえで、

「これだけの人に見てもらえるとファンも増えて、SNSのフォロワー数も増えるんじゃないでしょうか？」

「たとえば、そちらに所属されているEさん、最近、舞台をがんばっていらっしゃって私も注目しているんですけど、いかがでしょうか？」

という聞き方をしました。「誰でもいい」と言われるよりは、「応援している人がいるのでぜひ！」と言われたほうが、前向きな気持ちになりますよね。

結果的に、私が電話をした事務所から何人かコンテストに出ていただけたので、やはり相手がメリットを感じるであろうことに寄り添って誘導するように話を進めると、うまくいく確率が高まります。

31 決定権は必ず相手に渡す

人は、自分で物事を決める自己決定権の度合いが高いほど、幸福度も高くなることがさまざまな研究でわかっています。

コミュニケーションも例外ではなく、小さなことであっても、何か決めごとが生じた場合は、相手に決定権を渡すと、メリットを感じてもらいやすくなります。

１０９の頃も、「この商品を絶対に売るぞ！」と自分がどんなに意気込んでいても、選ぶのも買うのも決めるのはお客さま、というスタンスは守っていました。

洋服選びに迷うお客さまはとても多いので、

「お手持ちのお洋服とは、どちらが合わせやすいですか？」

「ズボンに合わせたいですか？　スカートに合わせたいですか？」

と聞いて、相手に選択権を与えます。そのうえで、

「こちらの服はどちらにも合わせやすいですよ」

と、自分が売りたい服にうまく誘導していくのです。

最後はもちろん、「どちらにされますか？」と聞いてお客さまに決めていただきます。

すると「自分で選んだ服」という納得感と、買ったことを後悔しづらいという2つのメリットが得られるのです。

32 迷っている相手には好印象を与えて泳がせる

お客さまにモノやサービスを買ってもらう仕事をしたことがある人はわかると思い

ますが、優柔不断でなかなか決められない方は多いです。

そういうとき、「今買わないと損ですよ！」「残りあと1個で売りきれます！」と強引に買わせると、悪い印象を与えてお客さまが離れてしまいます。

私も、時間をかけて接客したお客さまから、

「この服すごく気に入ったけど、他のお店も見てから決めていいですか？」

と言われたことは数え切れないほどありました。でも、そんなときこそ、ガッカリした様子は1ミリも見せず、

「そうですよね！　見比べたいですよね。お気持ちわかるので、他もぜひゆっくりご覧になってください。うちの服が気になったらまたお越しくださいね！」

と笑顔で返事して、100％良い雰囲気を残してリリースしていました。

結果的に、またお店に戻ってきてくれるお客さまのほうが多かったです。なかには「やっぱり買おう」とその場で気持ちが変わるお客さまもいました。

駆け引きというほどのことでもありませんが、押されると引きたくなり、引かれると押したくなるのが、人の気持ちなのだと思います。

大人数の場所でも一目置かれるふるまい

33 パーティーやイベントで会話泥棒をしない

大人数で集まって話すパーティーやイベントが苦手な人、多いですよね。なんとなくグループができて、なんとなく会話がはじまるので、どのタイミングでどんな話をすればいいのか、私も最初はわかりませんでした。

わからなければわからないなりに、おとなしくしていればよかったのですが、今も思い出すだけで恥ずかしい失敗をしたことがあります。

大人数が集うパーティーで、あるグループが人気アイドルの衣裳の話をしていたのです。そこへ入っていった私は、別の推しアイドルが「超かっこよかった」という話をぶち込んでしまい、一瞬、場が凍り付きました。

「ヤバい！　やらかしてしまった」と気づいたときは時すでに遅し。そのアイドルの衣裳の話で繋げばまだよかったのですが、まったく違う話をしたため話の方向が変わり、せっかく盛り上がっていた場が白けた雰囲気になってしまいました。

新人記者時代にも、１０９時代の癖で「私はこうで～」と上司の会話を奪うことがありました。

発言したあとの雰囲気で、「やばい！　１０９時代の自分語りをしてしまってるわ……」と気づき、あらためるべく心がけるようになったのですが、そんな矢先、別の上司に「山田さんはいつになっても自分が主役でいたいのよね？」と言われ、ありがたいとどめを刺されました。

気をつけていても、それまでのクセはそんなにすぐに変えられないものなんですね。「自分語り」「会話泥棒」から脱却できたのは、この言葉のおかげかもしれません。ガツンときました。

この痛い失敗を機に、「これは本当に注意しないといけない！　もう集まりに呼んでもらえなくなる！」と焦った私は、パーティーに行くたびに「会話泥棒にならないように気をつけよう！」と自分に言い聞かせて意識するようになりました。

大人数の会話は流れるプールのようなものです。最初は2人、3人と会話がはじまって、だんだんみんなの会話が同じ方向に流れていきます。だから、その流れに入るときは、会話の話題はどのくらいの深さで、どっちの方向に流れているのかまず確認する必要があるのです。会話の深さと方向に合わせて、飛び込んでいくようなイメージで入っていかないといけないんですね。

そこを間違えると失敗します。逆に言うと、話題と方向性さえ間違えなければ、どんな大人数の場でも会話が怖くなくなるのです。

34 複数の人と話すときは大谷翔平を真似る

メジャーリーガーの大谷《おおたに》翔平《しょうへい》選手のコミュニケーションがすばらしいことは、メディア業界でも有名です。何がすごいって、誰に対しても笑顔で、目配りも均等にするのです。大人数の中で質問する人がいても、質問者がどこにいるか探して、その質問者に向かってきちんと答えを返します。

大人数の取材の場合、時間が限られているので、1人あたりの質問に対して10秒前後で端的に話をまとめるのも上手です。そのおかげで話が長かったり短すぎたりせず、均等に大谷選手のコメントが行き渡るので、取材陣も気持ちよく会場を後にすることができます。

そのような場面も含めて、大谷選手の人に対する振る舞いはテレビ越しに観察しても勉強になります。私も複数の人と話すときはもちろん、自分にもできそうと思えば、どんどん真似しています。あなたもぜひ、大谷選手のコミュニケーションを参考にしてみてください。

「あの人だ!」と取材対象を特定する観察眼

ある芸能人が「離婚するのではないか?」という情報を入手し、自宅前で張り込みしていたとき。妻の容姿は何年も前の写真でしかわからなかったが、何百世帯もあるマンションから出入りする人の中からその妻を特定したことがある。先輩からは、「俺には絶対にわからない。すごい!」と褒められた。

私の人間観察力は、お客さまと接していた109時代に身についた部分もあるが、記者になってから意識的に続けている習慣がある。電車待ちのとき、信号待ちのとき、飲食店に入ったとき、近くにいる人が何をしている人か?　今から何をしに行くのか? カップルであれば交際期間はどのくらいなのか?を当てるのだ。

耳をそばだてて会話を聞いていると職業や行き先は見当がつくことも多い。「昨日の営業先で」とか「物件を見に来た客が」という話が聞こえたり、カップルが「席、どのあたり?」(映画?)、「今日は中華にしよう」(食事?)と会話していたり……。

男性の体型も即チェックする。ガタイが良いと記事になるスポーツ選手や格闘系の可能性もあり、追ってみることもある。

1人でいるときも予想するが、夫といるときはどちらが当たるか競争して私が当たることが多い。カップルの交際期間は答え合わせができず終わることのほうが多いが、予想はものすごく重要で、この習慣が取材でも大いに役立っている。

第3章

心のガードを

一瞬で外すワザ

Kokoro no Guard wo
Isshun de Hazusu Waza

週刊誌記者を前にすれば、相手は基本、警戒モード。
そのバリアを取り払うのも、腕の見せどころです。
偶然を装ったり、親しさを醸し出したり、
昔からの知り合いかと錯覚させたり、
第一印象で「いいヤツ」感を演出したり……。
まるで役者のようですが、実は基本の「キ」。
初対面だったり、相手が緊張しているときにも効きます。

錯覚で警戒心を解く

35 「たまたま〜」で偶然を装う

どうにかして近づきたい人がいるけれど、アポイントをとるほどの用事はないし、直接連絡できる関係でもないし……という場合、どうアプローチすればいいか悩みますよね。

特に記者という仕事をしていると、「何かヘンなことを書かれるのでは？」と警戒心を持たれやすいので、連絡して会いに行くと相手のガードが固くなってしまいます。

そこで私がよく使っているのが、「たまたま〜」と前置きして、偶然だと錯覚させながら近づくワザです。

「偶然」のフリをすると下心がバレませんし、「わざわざ来たんだ」と相手に負担を感じさせることもありません。そのぶん、リラックスして話してくれます。

以前、ある学生芸人のLIVEに、偶然を装って押しかけたことがありました。その学生芸人の父親もまた超有名芸人です（当時はそれを公にしていませんでした）。LIVEで駆け出し芸人さんの今後の伸びしろを肌で感じたかったのと、直前に父親にスキャンダルがあったので、あわよくばその後の進展や更なる周辺情報を聞けないかという目論見もあり、接近のチャンスだったのです。

そこで会場でバッタリご本人に会ったとき、「記者の山田です。たまたま自宅の近くでLIVEやっていたので観に来ちゃいました」と言ったら、「嬉しいです」とすごく喜んでくれました。

その場に居合わせたスタッフも、「この近くに住んでいるなら」という感じで立ち話に応じてくれたので、もし取材に来たと言ったら構えられて気軽に話してくれなかっただろうなと思いました。

早く、でもさりげなく距離を縮めたい人に、「たまたま～」作戦はかなり有効です。

36
「イエス」を二度引き出して話の突破口を開く

何か聞きたいことがあっても、いきなり質問してしまうと相手は戸惑います。場合によっては、「え？　いきなりそんなこと聞かれても」とやんわり拒絶されてしまうことも。

特に、人間関係やプライベートのことなど答えにくいことを聞きたい場合は、まず場を温めなければいけません。

たとえば、相手がすぐに「イエス」で答えられるたわいもない質問を2、3個投げかけると、話の突破口を開くことができます。

ある男性俳優Aさんが亡くなって、陰でずっと支えてきた愛人Bさんに取材したときも、「イエス」の質問なしには本題に入れませんでした。


「本日、亡くなったAさんが出演予定だった舞台が公開されますね」

「……はい」

「初日はAさんと一緒に迎えたかったですよね」

「……はい」

「Aさんが晩年まで元気に活躍できたのは、Bさんの支えがあったからだという評判を耳にしました。やはり最期は看取りたかったですよね」

「はい……看取りたかったです」


こうして「イエス」を3回引き出したあとは、その流れでAさんとの関係についてより深い話を聞き出すことができたのです。

すぐに同調できる言葉をかけると警戒心が薄まります。聞かれたことに「イエス」と答えるだけで気持ちも前を向きます。

するとその後も話しやすくなるのです。

日常会話でも、

「今日は天気が良くてよかったですね」

「インフルエンザが流行っていてヒヤヒヤしますよね」

といった挨拶代わりの質問から入って「イエス」を引き出すと、その後の話の流れを良い方向に持っていけるでしょう。ぜひ試してみてくださいね。

37 あなどれない名前呼び

人は、生まれた頃から呼び続けられてきた名前に特別な愛着があります。

だから挨拶も、「おはようございます」より「山田さん、おはようございます」「千穂ちゃん、おはよう」と、名前を呼ばれたほうが嬉しいですよね。


109で働いていた頃も、お店のスタッフはみんなと親密になりたい意志表示のつもりで、「タマキさん」「カナコさん」「サトミさん」「ミキさん」とファーストネームで呼び合っていました。実際、みんな仲が良く、お店の雰囲気も明るかったので、お客さまにそれが伝わっていたと思います。

自分の名前を呼んでくれる人には親近感を覚えやすいので、それが話しやすい人という印象にもつながります。相手が話しやすいと思ってくれたら、こちらも話しやすくなる。すると、聞きたいことも聞きやすくなります。たかが名前呼びといっても、あなどれません。

お客さまをファーストネームで呼ぶのは失礼ですが、会社の部下など相手が自分より年下で、失礼にならない関係であれば、ファーストネームで呼んだほうがより心理的な距離が縮まります。

名前を呼んでくれた相手に対する好感度が上がる傾向は、心理学で「ネームコーリング効果」と呼ばれています。外国人がフレンドリーな印象を与えるのも、初対面からファーストネームで呼び合うからでしょう。

ただし日本では、ビジネスシーンで男性が女性の名前を呼ぶ場合、馴れ馴れしく「○○ちゃん」とファーストネームで呼ぶとハラスメントになる可能性があるので注意が必要です。逆もまた然り。女性の上司が男性部下や後輩にファーストネームで「○○くん」と呼ぶのも気を付けたいところです。また、最近は性別関係なく、全員を「さん」付けにする呼び方が広がってきています。

特に、特定の人だけ名前で呼ぶのはよろしくないので、みんな平等にファーストネームで呼ぶか、名字で呼ぶか、迷ったら職場全体で方針を決めるのがいいかもしれません。

38 相手に好意を抱かせる「ミラーリング」の活用法

人は自分とまったく違うタイプの人より、自分と同じような人に良い印象を持つ傾向があります。

その日たまたま同じ色のワンピースを着ている人と会うと、それだけで「あ、同じ色ですね！」と盛り上がりますよね。

服装や見た目はもちろん、ふとした仕草やふるまいを含めた言動もすべて、自分と似ている人のほうが安心感と親近感を覚えやすいのです。

これは「ミラーリング」と呼ばれる心理テクニックで、私もよく取材相手の動きや表情を真似しています。

雑誌の生前整理の企画で俳優の妻を亡くされたばかりの男性に取材したときも、表情のミラーリングをとても意識していました。

相手が涙を流せば、私の瞳も潤ませる。相手が眉を寄せれば、私も眉を寄せ気味にする。相手が頷けば、私も深く頷き返す。こうした状況なので、つい感情移入して、自分の感情に引っ張られそうになるのですが、必死でタイミングを合わせたのです。

そうやってミラーリングを繰り返しているうちに、私が聞いていないことまで本音を語ってくれました。

会社やプライベートでも大事な人と会うときはミラーリングを活用しています。
相手が飲み物を頼んだら、「同じものを」と言って注文する。
相手が飲み物を一口飲んだら、自分も一口飲む。
相手が座り直したら、自分も座り直す。
相手が手を膝の上に置いたら、自分の手も膝の上に置く。

どんな些細なことでも、気がついたときだけでもよいので、相手と同じ表情、行動をしていると、心理的な距離がぐっと縮まります。

39 一瞬で「昔から知り合い？」と錯覚させる話

好きな食べ物、最近観た映画、共通の趣味など、初めて会った人でも話が弾む話題はいろいろあります。その中でも特に、「昔から知り合い？」と錯覚させるほど盛り上がるのは幼少期の話です。

あるタレントの男性がアナウンサーの女性と付き合っていて「結婚間近か？」という噂が流れたとき、彼女のほうのご両親に話を聞きにいったことがあります。

最初は、「（娘が付き合っている人に）会ったこともない、結婚の話も聞いたことがない」と父親にバッサリ否定されました。

それでもめげずに、持参した娘さんの著書の感想を伝えて、その本に書かれていた幼少期の話をしたのです。すると、野球の話が出たので、「お付き合いされている方も幼い頃に野球をしていたんですよ。ご存じですか？」と話をしたら、風向きが変わったのです。

「お相手の方は、毎日欠かさず素振りをしていたそうです」と伝えると、お父さまは感心した様子で娘さんのことを饒舌に話してくれました。

その流れで、「お嬢さまがお付き合いしている相手と会われた印象はいかがでしたか？」と聞いたところ、お父さまは「テレビのまんま」、お母さまも「見たまんまの好青年で」と付き合っていることを認めたのです。

それからはスラスラと、お2人の関係について語ってくれました。

これは子どもの幼少期の話で盛り上がったケースですが、本人の幼少期の話を深掘りするとよりいっそう知り合いのような錯覚が強まります。

日本酒を手土産に携え、ある歌舞伎俳優にお孫さんの初舞台を控えた心境を聞きに行ったときも、「孫を見ていると自分と重なる部分がある」と話されたので、その方にもご自身の幼少期について聞きました。

するとしばらく話したあと、「なんか初めて会ったような気がしないな。昔から知り合いみたいな気がする」「君にはなんでも話しちゃいそうだなぁ」と言ってくださったのです。

このように幼少期の話を振ると、自然と自己開示を引き出せるだけでなく、「昔からの知り合い」感が強まるので、使わない手はありません。

40 「私たち」の多用で仲間意識を持たせる

109で仕事をしていた頃、売上ナンバーワンを目指していたスタッフみんなの口癖は「うちら（私たち）」でした。


「うちらは大丈夫だから!!」

「うちら、めっちゃ可愛い!!」

「うちらは絶対、売上げ1位になるから!!」


いきなりギャル全開の話で恐縮ですが、当時は共存共栄の運命共同体のような意識がすごく強かったのです。「うちら」を主語にして話し合うと、どんどん盛り上がる。そして、「テンションアゲていこー！」というノリが生まれるのです。

ギャルに限らず、大人の世界でも「私たち」を主語にして話すと連帯感が深まること、ありますよね。

記者になってからの話になりますが、あるお笑いタレントのAさんがアイドルグループのメンバーCさんと渋谷のデパートに洋服を買いに来ていたという情報を得て、そのお店に潜入取材したときのことです。

そのお店と同じテイストの服を着ていったら、店員さんから「私たち同じような服装してますね！」と言われて、思わず心でガッツポーズを決めました。店員さんに仲間意識を持ってもらおうという作戦が大成功したのです。

そこで私もすかさず、店員さんの着ている服をすごく好みだと褒めて、ひとしきりファッションの話で盛り上がること数分。

その後、「そういえばこの前、Cちゃんも彼氏とここに来たみたいですね。Cちゃんは何を買ったんですか？」とさりげなく聞いたら、買った服やそのときの様子だけではなく、「3点買って彼がお会計していましたよ」ということまで教えてくれました。最初に、「私たち」の服の話で仲間意識を持ってくれたから、この人なら話してもいいと思ってくれたのでしょう。

物理的なずるい演出法

41 出足の速さで競合を出し抜く

いち早く知りたい情報があるけれど、ネット検索しても見つからない。現場に行くか関係者に話を聞かないとわからない、というときは出足の速さが勝負です。

記者の仕事で、殺人事件の取材をするときは、容疑者の学生時代の卒業アルバムを誰よりも早く手に入れるのに必死になります。

２００５年に個人情報保護法が施行される前は、アルバムにはだいたい卒業生の連絡先が載っていたので、名簿の上から順番に容疑者の同級生に電話をかけて容疑者の子ども時代や学生時代の話を語ってもらうのが目的です。すると、最初に電話をかけた記者には、どの方も丁寧にいろいろ話してくれます。

ところが3番目になると、「もう3社目だよ」とうんざりした態度に変わり、4番目にもなると「お前らしつこいよ!」とガチャ切りされたりもします。

ですから、どの記者よりも早く動かなければ、一次情報（容疑者関係者から直接聞くことができた話、情報のこと。逆に二次情報は、他社が聞いた話を聞かせてもらったり、出ている情報をまとめたもの）は得られません。

記者に限ったことではなく、競合が多い業界であれば、同じようなことが起こり得るのではないでしょうか。

大切なお客さまの新しい情報を、誰よりも早く正確にたくさん入手したいときは、出足の速さが勝負です。真っ先に現場に行き、担当者に会う。その素早い行動力が、競合を出し抜く最大の武器になります。

42 「1対1」の状況で本音を聞き出す

会議などで、目の前に3、4人もいると誰に向かって話せばいいかわからなくて悩みませんか?

私も、109の頃は自然と1対1で接客できたのですが、記者業では取材現場によく他社がいたため、どうすれば取材相手と1対1の状況をつくれるか悩みました。

当時、17歳の高校生が大学入学共通テストの日に刺傷事件を起こしたことについて、犯罪心理学の先生に取材した際も、1対1で話す時間の重要性を教えてくれました。

「どうすれば我が子の犯罪を防ぐことができるのか?」と質問したところ、最初に挙がったのは、日頃の親子のコミュニケーションの大切さでした。

といってもあらたまってひざを突き合わせる必要はなく、「最近、学校はどう?」「おやつ食べる?」「夕食は何がいい?」など何でもいいのでひと声かける。

たまには一緒にカフェに行ったり、散歩に誘ったり、買い物に付き合ってもらったり、30分でもいいから1対1で話す時間をとる。

家でテレビを見ながら、お皿を洗いながら、車の運転をしながらなど、「〜しながら」でもいいので、普段から会話する習慣を持つ。

特に、車の中は外界の影響をあまり受けずに1対1の状況をつくれますし、自分が運転して子どもを助手席に乗せると、どちらも前を見て目を合わせないので緊張感もほぐれます。すると、普段は話さないような本音がポロッと漏れることがあるのです。

私は最近ゴルフをはじめて、先日も会社の人たちと大自然の中にあるラウンドを回ったのですが、上司と2人で歩いていたら、普段、会社では聞けない話をしてくれました。

オンラインでは親密性に欠けるので、本音を聞き出すならやはり対面で、1対1で話せる空間に勝るものはありません。

43 衝突を避ける位置で話す

人と話すとき、真正面に座ると一見、親密に見えますが、実は対立関係になりやすく、緊張感や圧迫感が強まります。

テーブルで話す場合、角を挟んで90度の位置に座って斜めの向きで話すと、逆に緊張感が薄まり意見の衝突も起こりにくくなるといわれています。

親密さを演出して、大事な話をしたい場合は、横並び1択です。

以前、あるモデルさんが妊娠中に、新宿のデパートに入る妊婦さん専用の洋服店に行っていると聞いて潜入取材したときも、横並びの位置関係になるようそっと近づきうまくいきました。

偶然、お店に本人がいて商品を物色していたので、お客のフリをしてさりげなく横に並んで話しかけたら妊娠何カ月なのか、過去に何を買って、今日は何を購入するのかなどをすんなりと答えてくれたのです。

立ち話だと長く一緒にいるわけじゃないので、相手もそこまで警戒せずにお客同士の雑談のようなつもりで話してくれたのかもしれません。

横並びの位置は、プライベートでも意識しています。

たとえば、夫婦で外食するとき、向かい合って座ると、意見が噛み合わずに衝突することがあったので、カウンター席を予約して横並びで座るようにしたのです。自宅でもソファで隣り合って話すように心がけました。

同じ方向を見て話すと、話す内容も同じ方向に向かいやすく、意見の衝突がほぼなくなりました。建設的な話や、何か問題があるときの解決策をまとめるときも、横並びのほうが断然早くまとまりやすいと実感しています。

44 半歩近づいて心の距離を縮める

人はそれぞれ自分が安心でいられるプライベートな空間があり、これを「パーソナルスペース」といいます。他人との関係でも、無意識のうちに「パーソナルスペース」

を保とうとする心理が働いています。当たり前ですが、親密な相手ほどこの空間は狭くなり、敵視している相手ほど広くなります。

一般に、パーソナルスペースがもっとも狭い恋人や親子との親密距離は45センチ以内、親しい友人や知人との個体距離は45～120センチといわれています。

仕事で会う人だと45センチでは近すぎるので、109時代はギリギリ60センチくらいを目安にしてお客さまに近づいていました。

もちろん、お客さまが店内に入ってきたときは近くないので、接客しながら1メートルくらいまで近づいて、もう一押しというところであと半歩接近するのです。これも前の項でお話しした真正面ではなく、少し斜めか横並びの位置ですね。

そこで相手が半歩下がったら、もう距離は詰められません。でも、そのまま30～40センチ近づけたら、心が早く通じることを接客や取材の現場で何度も実感しました。

立ち話で大事な話をしているとき、もう一押しイケるかも⁉と思ったら「あと半歩」をお忘れなく。

会って3秒で「いいな」と思わせる

45 挨拶は自分から明るい声でハキハキと！

第一印象は3秒で決まるといわれていますが、あなたは何を一番意識しているでしょうか？　身だしなみを整えるのは社会人として当たり前のことですから、それ以外で「この人、いいな」と一瞬で思わせる勝負どころは挨拶の仕方です。

挨拶は誰でもできますが、誰もが「いいな」と思える挨拶ができる人はめったにいません。それだけに、挨拶の印象が良いだけで信頼度がぐっと高まるのです。

「挨拶だけで人を動かすこともできるんだ！」と私が初めて実感したのは小学5年

生のとき。当時は、登校すると必ず校舎3階の窓から、正門に入ってくるみんなに「おはよう！」と大きな声で挨拶して手を振っていました。

するると、不登校気味だった低学年のかなちゃんという女の子が、私の挨拶を聞いて「すごく元気をもらえる」と毎日学校に来るようになったのです。

そのあと、お母さまがかなちゃんと一緒に私の自宅までお礼を言いに来てくれて、すごく嬉しかった思い出があります。

１０９時代は昇りエスカレーター前にあるお店で働いていたので、下の階から上がってくるお客さまを店内に誘導しようとして、挨拶の威力を実感することになりました。

特にセール期間中はすごい人混みですから、「こっちを見て！　うちのお店に入って！」と一人ひとりに暗示をかけるように高めの声で、「いらっしゃいませ～！　どうぞご覧くださいませ～！」と呼びかけていたのです。そうすると、エスカレーターから上がってきたお客さまがほぼ全員、そのまま店内に流れてきたことが何度もありました。

もちろん、挨拶だけが理由ではないと思いますが、明るくハキハキとした声で微笑みかけて挨拶したお客さまは、かなり高い確率で近づいてきてくれます。

それほど、たったひと言の挨拶には人を引き寄せる力があるのです。


一方、記者業で痛感したのは、挨拶にこそ人格が表れるということです。

以前、大谷翔平選手が所有される国内のマンションを清掃されている業者の方に話を聞く機会があったのですが、大谷選手のお母さまはその清掃業者のスタッフに会うと必ず挨拶して、最後に「ご苦労さまです」と言うそうです。

他のマンションの住人は無視することが多いそうで、大谷選手のお母さまの挨拶だけが自分たちのモチベーションになって「今日もきれいに掃除しようと思える」と話されていました。

「おはようございます」「こんにちは」「ありがとうございます」「いただきます」「お疲れさまです」「ご苦労さまです」「いらっしゃいませ」といった基本的な挨拶をしないのは、「あなたのことはどうでもいい」と言っているようなものです。

挨拶は人としての知性、品性を底上げするだけでなく、信頼感を得る最初の一歩ですから、自分から明るい声でハキハキと挨拶することを心がけたいですね。

46 目元と口元セットの自然な笑顔で

初対面でどんなにがんばって印象を良くしようと思っても、笑顔がガッチガチで機械的だとそれだけでマイナス評価されてしまいます。

視覚から入る情報は55%、聴覚は38%、言語は7%というメラビアンの法則をご存じの方もいるでしょう。


口元は笑っているのに、目が笑っていない人は、相手にもわかるものです。「この人、本当はこの場が楽しくないのかな」と相手に思わせてしまう可能性があります。

私自身も、疲れているときは目元に力が入らないことがあるので、109時代、お客さまと接しているときは心から「楽しい!」という気分になるよう自分に思い込ませていました。たとえば、常連のお客さんがいらしたら、

「今日もわざわざ○○さんが私に会いに来てくれた！　嬉しい楽しい！　接客最高！」

　とか、初めてのお客さんの場合は、

「お客さまは一層素敵になるし、私も売り上げアップだし、この一期一会で、お互い超ハッピー！」

　と、心の中で言葉にしてみるのです。


　緊張で笑顔が難しいこともあるかもしれませんが、とってつけたような笑顔でその場を取り繕おうとすると、相手には心が笑顔でないことは伝わってしまうもの。

　大切な人との初対面では、「この一期一会を大切にしたいな」「この人と気持ちよくコミュニケーションしたいな」と自己暗示をかけると、その心が表情にも反映されて目元、口元が自然な笑顔になります。

週刊誌記者のこぼれ話　その3

ミラーリングのやり過ぎで醜態をさらすハメに

離婚したばかりの大物俳優Ａさんとモデルのさんの交際情報を入手し、Bさんが入ったバーで潜入取材をしたときのこと。一人よりカップルを装ったほうが怪しまれないため上司Tさんが初めて同行してくれることになった。普段ほとんど交流のない優秀なTさんに少しでも好印象を持ってもらおうと、私はミラーリングを意識して同じ日本酒を同じペースで飲み続けた。

その後入店してきたのは俳優Ａさんではなくモデルさんの友人Ｃさんカップル。なんとBさんは妊娠中でＡさんから「堕ろしてほしい」と一蹴されたと泣きながら2人に話し出したのだ。記者としては一言一句聞き逃せない話だったが、飲み過ぎで酔っ払った私は途中から記憶があいまいに……。

取材後、近くの現場にいた同僚に来てもらった私は路上で嘔吐して動けなくなり、心配した通行人が通報し、お巡りさんが来る大騒動に発展。救急車を呼ぶことを勧められるも、なんとか同僚が自宅まで送り届けてくれた。中途半端な取材データもTさんが補足して完璧な原稿に仕上げて事なきを得た。しかしそのときの私の大醜態は、今でも俳優Ａさんの話題が出るたびにおもしろおかしく蒸し返されている。

この経験で学んだことは、「飲酒時のミラーリングは、同じお酒を“自分のペース”で飲むこと！」である。

第4章

リスクを一発で

回避する
ワザ

Risk wo Ippatsu de
Kaihi Suru Waza

聞きづらいことを質問する場面、苦手な人と話すとき、
相手が怒っている状況、不信感を抱かれそうな話……。
ピンチが予想される場合にも、
自分のペースが乱れないようにしたいものです。
最大のポイントは、自分を守るより先に、
相手を観察して想像するほうに気持ちを向けること。
不思議かもしれませんが、切り抜ける極意です！

話しにくい情報を引き出す

47 間接質問で「失礼ね！」を回避する

初対面でいきなり失礼なことを聞かれるとドン引きしますよね。

特に女性の場合、「年齢・結婚・子ども」は地雷ワードになりかねません。男女問わず、職業、年収、住んでいる場所を聞くのも、「プライベートに踏み込まれた」「人を値踏みしている」と警戒心を持たれるのでNGです。

それでも、聞くべきことは聞かなければいけないのが記者の仕事。どうせ聞くなら、なるべく相手を不快にさせたくないし、嫌われたくない。

そんな思いから考えついたワザが、「失礼ね！」を回避する間接質問です。

たとえば、初めて会った人の年齢を聞き出したいとき。

「私は辰年なんですけど、○○さんは何年《なにどし》ですか？」

「あら、私も辰年！　同じね」

といった感じで、さりげなく年齢や世代を確認することができます。

職業については、自分を引き合いに出すことも。

「仕事でこんな失敗をして大変でした！　○○さんは失敗したことありますか？」

「あるある、オレも若い頃はそういう失敗、たくさんしてきたよ」

「その経験は、今の仕事にも役立っていますか？」

「今は当時と違う○○の仕事だけど、もちろん失敗の経験は役立っているね」

という具合です。

経済力を知りたいときは、「だんなさま（奥さま）は何関係のお仕事ですか？」「夏休みや年末年始は海外によく行かれるんですか？」といった間接質問から、どれぐらいの世帯収入があるかを想像できます。

既婚か未婚か、子どもの有無については、休日の過ごし方を聞くといいでしょう。これを書くと、女性としては少々腹も立つのですが、男性の場合、「日曜は自分が料理担当なんですよ」「休みは子どもの相手をしています」という人は既婚。「仲間とサウナ巡りをしています」「夕方まで寝てしまいます」という人は独身の可能性が高いです。

間接質問は相手を不快にさせることなく、いろんな角度から探りを入れられますよ。

48 怒られる覚悟を持って聞く

情報戦は「出足の速さが勝負！」と前述しましたが（第3章㊶参照）、どうしても話を聞きたい人がいたら誰にも許可をとらず独断で、朝夜問わず現場に向かうこともあります。

当然、押しかけてこられた取材対象者からも、「こんな夜中に来やがって！」「なんでこんなところまで来たの？」と怒りを買う可能性もあります。

そんなことが想定されても、「このタイミングを逃したら後はない！」「今もし会えたらいいコメントが取れるはず！」とある種の勘が働いたら、即行動！　いちいち許可をとっている暇はありません。

実際、この方法でうまくいったのが、第3章㊱で触れた愛人Bさんへの取材です。

特に新人や入社3年目くらいまでは、他社に出し抜かれないためならたいていのことは許されます。そういう経験をしたかしないかで、勘の鋭さも変わってくるのです。

49 圧迫感がある「なぜ」の言いかえ

「なぜ、そんなことをしたんですか？」と聞かれたらちょっと圧力を感じて、言いたいことも素直に言えなくなります。

そこで私は、「どうしたらそんな風に素敵になれるんですか？」「どうすればそういうことができるようになるんですか?」という聞き方をしています。
「なぜ?」「なんで?」は、「どうしたら〜ですか?」「どうすれば〜できるんですか?」に言い換えたり、「教えていただけますか?」という表現にかえて聞く。すると、圧が弱まって相手が話しやすくなります。

7年ほど前のことなのですが、ある事件を左右する、とても貴重な写真が存在することがわかりました。まだ、他誌やマスコミはそのことを知りません。

いち早く写真を入手するために、情報を握る方が営む飲食店に連日通い詰めました。そして、写真を入手し誌面に無事に掲載したことがあります。

このときに、多用したのが、「どうしたらこんなに素敵なお店を出店することができますか?」「このあたりのことを教えていただけますか」の「どうしたら〜ですか?」「教えていただけますか」のワザ。

とても温厚そうで、ゆったりと話す方だったので、いつにもまして「なぜ?」「なんで?」という問いかけを封印するよう努めました。

声に出してみるとわかるのですが、「なぜ?」「なんで?」は「どうしたら?」「どうすれば？」より、文字数の差以上に早口になります。そもそも強い圧力を感じる言葉なので、相手の方のテンポやリズムから想像すると、早々に一線を引かれてしまうだろうと感じたのです。

相手がものすごく早口の方で会話もタイパ（タイムパフォーマンス）思考のような方なら、もしかしたら「なぜですか？」と畳みかけていったほうが、相手も答えやすいかもしれませんが、スローペースで話す相手であれば、圧迫感を感じさせない姿勢で距離を詰めていくことが、警戒を解く秘訣なのです。

こうしたやりとりを重ねていくうちに、閉店後に店主がおすすめのスナック、バーに連れて行ってくれました。

そこでも、「こんなに美味しいお酒を出してくれるバー、どのように見つけたんですか？」と、このスタイルで質問をいくつか投げかけていき、相手の心も口も緩んだところで、「教えていただけますか。写真の出どころを」と。

そして、写真の入手につなげていったのです。

50 忘れた相手の名前を自然と聞き出す

久しぶりに会った人の名前を忘れてしまうこと、ありますよね。その場合、「お名前なんでしたっけ？」と聞くと大変失礼ですから、裏ワザを使います。

「新しい名刺をお渡ししていなかったかもしれないので」と自分の名刺を差し出し、再度、名刺交換する機会を設けるのです。実際は新しい名刺でなくても、「もうお渡ししていましたか、失礼しました」のひと言ですみますよね。

もし名刺を持ち合わせていなかったら、

「確か○○でお会いしましたよね……えっと……」

「佐藤です！」

「そう、佐藤さん！ 雰囲気が変わられて、一瞬どなたか分からなくてすみません」

といったやりとりでも問題ありません。

他にも、

「お名前を教えていただけますか?」

「佐藤です」

「あっ、苗字は存じ上げていて。下の名前(ファーストネーム)をお尋ねしたかったんです」

と言い、あたかも「苗字は忘れていません」と装う方法もあります。

下の名前を聞いた理由を尋ねられたら「友人と似たお名前だったと記憶しており」「素敵な響きのお名前だったような覚えがあったので気になって」「確か、苗字とのバランスが美しいお名前だったなあ、と」などと答えましょう。


逆に、相手が自分の名前を忘れているようであれば、

「佐藤さん、お久しぶりですね、○○の山田です!」

「ああ、山田さん! お久しぶりです」

と自然と挨拶できるように、こちらから名乗る気遣いも忘れずに。

「もし自分だったらどうしてほしいかな?」と相手の視点に立てば良いのです。

不信感を取っ払う

51 悪いことは先に伝える

どんなにウマい話を持ちかけられても、最後の最後で「実は……」とデメリットを聞かされると一気に不信感が強まります。

瞬間的に相手を動かしたいとき、こちらから伝えたい情報量が多いときには第2章㉘で述べた「相手が話したいことから聞く・伝える」が有効です。しかし、情報量がそれほど多くないときは、まずはマイナスに感じることから伝えてしまうほうが信頼を得やすいです。

高校生の頃、私は母に「頭髪検査は引っかかったけど、数学のテストで98点だったよ」という伝え方をしていました。すると母は「すごいじゃない！」と褒めてくれます。ところが、「数学のテストで98点だったけど、頭髪検査で引っかかった」と言うと「ちゃんと黒染めしないといけないね」と言われます。

この反応の違いを目の当たりにしたときに、伝える順番、何かを見せる順番などに意識を払うようになりました。

実は、私たちがこれをよく体感しているのが、不動産屋で物件を見てまわるとき。実際に不動産屋さんに聞いた話ですが、たとえば3軒を内覧する場合、お客さまの要望に最も近い物件を最後に見せるそうです。そうすると「他の2軒よりも全然良いですね。ここにします」と入居を決めてくれる確率がグンと上がるそうです。

逆に、先に一番良い物件に連れて行っても「すごく良いんですが、他の2軒も見てみたい」と言い、結局「一度考えます」と決断が延びてしまうそうです。

直撃取材でも、「絶対に書きませんから！」と言うと「そんなこと言って、どうせ書くんでしょ」と思われてしまいます。

でも「記者って信用してもらえないと思うんですけど」と前置きしたあと、「私はずっと○○さんのファンで、こういう映画やドラマや舞台に感銘を受けてきたので、ぜひお話を聞きたいんです！」と熱量たっぷりにアプローチすると、話をしてくれる確率がぐっと高まります。

信頼を得たいなら相手がマイナスに感じることは先出しする。間違っても後出ししてはいけないのです。

52 苦手な相手も「良いところ探し」で

どんなにイヤな人、苦手な人でも、視点を変えれば別の顔が見えてきます。苦手な人と話をしなければいけないときは、その気持ちを相手に悟られないように、良いところを1つでも探すと自分をごまかせます。

たとえば、苦手な上司が家族とキャンプに行った話をしていたら、その上司は家庭では「最高のパパ」「最高の夫」なのかもしれません。

職場ではわからないその人の別の顔を知るためには、第4章㊼の間接質問のところでも触れたように休日の過ごし方を聞くと意外な一面がわかることがあります。

プライベートまで詮索しなくてもよくよく観察してみると、「声が重低音で魅力的」「デスク周りがきれい」「さりげなく、床のごみを拾って捨てていた」「重いものを運んでいる人の荷物をそっと持ってあげていた」といった今まで気づかなかった魅力が見つかることも。

良いところを探したら、「前から思ってたんですけど、○○さんの声が私の父の重低音ボイスと似ていて親近感を覚えるんです」「○○さんっておしゃれですよね。好きなブランドとかあるんですか？」と言葉にして伝えます。

そのように意識的にプラスの印象を持つと、心の壁も薄くなっていきます。

仮に「話したくもない！」というほど嫌悪感が強い人でも、挨拶だけは自分からしたほうがいいでしょう。プラスの印象が持てないなら、せめてマイナスの印象は与えないことです。自分が苦手だと思っていると、相手にも伝わるもの。悟られないようにすることで、もし相手があなたにいい印象を持ってくれたら、関係性が変わることもあるかもしれません。

53 威張らない・気取らない・お高くとまらない

１０９には、ただ歩いているだけで「あの人すごい素敵！」「あの店員さんどこのお店の人？」「あの店員さんと同じ服がほしい！」と噂が立つほど人気のカリスマ店員が何人かいました。

お正月セールで何百人も並んでいる行列の横を歩いていると、私にもそんな声が聞こえてきて手を振られたこともあります。

誰でも褒められたら嬉しいものですが、褒め言葉に慣れてしまったり、ちやほやされることが日常になると、それが当たり前になって、「私は特別」「私はすごい」と思い込み、態度に出てしまうことがあります。

もちろん、どんな仕事でもお客さまからの人気が高いほうが有利であることは間違いありません。でもそれは他人軸の評価だということを忘れないでいたいもの。他人からの評価は、いつ変わるかもわかりません。

周りからたくさん褒められたり、うらやましがられたり、仕事がトントン拍子にうまくいって急激に評価が上がったりしたときこそ、冷静になってみる。すると、キャリアを重ねていくうちに、立ち止まってよかったときっと思えます。

冒頭のお正月セールがメディアに取り上げられたり、私自身がファッション誌に載せてもらったりして、冬休みが明けて大学に行くと、「テレビで見たよ！」「雑誌に出ていたね！」と声を掛けられました。すると、「私、すごいかも！」という気持ちになってきます。

でも、そう感じられるのも一瞬のこと。私は、良くも悪くも調子に乗り切れないところがあります。

１０９には私がいたお店より売上の大きいお店があり、そこは人気がある上、商品の単価が高いので、私たちのお店はどうあがいてもかなわない。悔しさともどかしさが、すぐに襲ってくるのです。

それに、ちょうどこの頃、第2章㉙でもお話ししたように、さまざまな経営者の方にお話を聞きにいき、その方々の努力と苦労を知るほどに、「私は大したことないんだな」と痛感していました（第5章⑩でも詳述）。

そんなふうに、私の20代は、生きる土台のない若い時期の苦しさでもがいていたように思います。当時は「早くこの時期が過ぎ去ってほしい」という気持ちが大きかったのですが、今思い返してみると、調子がいいときでも冷静でいたことで、いろんな方々からアドバイスをいただくことができたし、職場の人たちにもお客さまにも、態度を変えることなく接することができました。

すると、周囲の評価から自分を切り離して、「私は私」と思えるようになってきます。そういう考え方を経てきたことが、今の私、人とのかかわり方の土台をつくってくれたな、と。

売上もお客さまからの人気もトップクラスの「カリスマ店員」と呼ばれる人でお客さまから愛されていたのは、実績はすごくても態度はフラットな人でした。

「一見、近寄りがたいけど話してみたらめちゃくちゃフレンドリーだった！」

「オーラがすごい店員さんなのに、とっても丁寧に接客してくれて最高過ぎた！」

とお客さまから言われていて、他者から見れば、いい意味でギャップがあるのです。

周りから褒められ、ファンもいて一目置かれていても、その状況に乗っからず、きっと「私は私」で、自分が目指すところ、大切に思うことがゆるがない人たちだったのでしょう。

そういう人は、嫉妬ややっかみからも上手に距離をおけるし、人が離れていかず、信頼されます。

54 悪口に対する究極の対処法

もし、職場の人に悪口や陰口を言われていることに気づいたら、どうすればいいでしょうか？

ビジネスの世界、なかでも競争意識の高い業界になると、足の引っ張り合いやいがみ合いはよくある話です。だからといっていちいち反論、反発していたら、ますます対立関係が深まりますよね。

私も以前、「あいつが可愛がられているのは上司とデキてるからだ」と変な噂を流されたことがありますが、徹底してスルーしていました。

お釈迦さまの話に、こんな法話があります。

「他人に贈り物をしようとしても、受け取らなければ贈ろうとした者に戻る。悪口も同様に、受け取らなければ、言った側に戻っていくのです」

悪口は言われても受け取らない。そうすれば相手も「言うだけ損」だと思ってあきらめるでしょう。

55 「受け入れてくれる」と信じて疑わない

私は転職組なので、記者になりたての頃は右も左もわかりませんでした。

「あの声が高くてうるさい、ギャルみたいなファッションの女は誰だ？」

職場では、周りからのそうした冷ややかな視線を感じることがよくありました。

それでも、「この人はすごい！」「この人についていこう！」と思った上司に出会ってからは、きっといつかは自分を受け入れてくれると信じ、何度スルーされても日々の業務の「ホウレンソウ（報告・連絡・相談）」を続けました。

すると3年目ぐらいから、失敗しても「あなたはそのままでいいよ」と言ってもらえるようになったのです。同僚と私に「〇〇と山田のことはオレが絶対に面倒を見るから」と言ってくれたこともありました。

そのときようやく「本当に受け入れてもらえた！」と確信したのです。

自分が上司の立場でも、信頼してついてきてくれる部下は可愛いですから、裏切れないですよね。

上司に「尊敬と信頼の圧」をかけて、裏切れないと思わせる部下になればいいのです。

怒りをかいくぐる

56 相手の感情に飲み込まれない

「お客さまは神様です」と昔はよくいわれたものですが、最近は、カスタマーハラスメントが問題視されています。

どんなに誠実に笑顔で対応しても、理不尽ないいがかりをつけて大声で暴言を吐いたり脅したりする悪質なクレーマーが、どの世界にも一定数いるようです。

1対1だと手がつけられない場合は、上の責任者を呼んで対応してもらうか、危害を加えられそうな場合は警察を呼ぶなど、適切な対応が必要です。

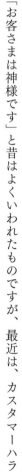

そこまで深刻な事態ではない場合、相手の感情に飲み込まれないことが第一です。

１０９の頃、いかにも不機嫌そうなお客さまを、入社したばかりのスタッフが接客したことがありました。するとそのスタッフは、お客さまのマイナス感情に飲み込まれて、ぶっきらぼうで冷たい態度で応対してしまったのです。

マイナス感情はそこにいる人の数だけ増幅しますから、どんなに相手が不機嫌でも自分が飲み込まれてしまってはいけません。逆も然りで、自分がプラスの感情なら、相手もプラスの感情に引っ張られるのです。

ですからその新人スタッフにも、「自分が笑顔でいれば相手も笑顔に引っ張られるから、マイナス感情に飲み込まれないようにしよう」と話をしました。

人のマイナス感情に振り回されないように、日頃からプラスの引力が強い上司や同僚を味方につけておくことも大事です。

57 指摘しても相手の気分を害さない魔法の言葉

相手のためを思って言ったことでも、ミスや間違いを指摘されると傷ついたり、落ち込んだり、反発心が生まれたりする人はいます。だからといって、言うべきことを言わずにいると、事態が悪くなることはあっても良くなることはありません。

そこで私が、相手の気分を害さずに注意するときプラスしているのが、「もったいない」です。

以前、すごく博識で仕事もできる上司が、ありえないほど汚いデスクで仕事していて、しかも来客から丸見えでした。

「○○さんはいつも仕事を完璧にこなして取引先からも信頼されているのに、このデスクを見られて『結構だらしない人なんだな』と思われたらすごくもったいないですよね。もう少し片づけたほうがいいと思いますよ」

こうやんわりと注意したら、「そうかな」とボソッとつぶやいて翌日からちょこちょこ片づけ始めたのです。これがもし、「○○さんのデスクは汚すぎるから片づけたほうがいいですよ」という言い方だったら、「うるさいな」と反感を買うことも。

「もったいない」には、あなたには素晴らしい魅力や能力があるという意味が込められているので、誰も言われて悪い気はしないのです。

58 叱られ上手になる

109の販売員から記者に転身した直後。元気でおしゃべりなギャルのノリで出社していた私は、周囲の人から「声がでか過ぎる！」「騒がしい！」とよく怒られていたことは別の項でもお話ししたとおりですが、その頃、こんなことがありました。

あるタレントが覚醒剤を所持、使用したとして覚醒剤取締法違反罪に問われ、初公判傍聴のために初めて裁判所に出向きました。そこで、同僚の記者と話し込んでいたところ「裁判所でそんな大きな笑い声をあげる人間を初めて見た。声のトーンを落としなさい」と先輩に呆れながら叱られたこともあります。

59 「悪意ある攻撃」と「愛ある指摘」の見極め方

最初は少し凹むこともありましたが、「すみません！　気をつけます！」と明るく答え、面と向かって言ってもらいありがたいと前向きにとらえていました。

私は１０９の頃から、上司や先輩、同僚から、気づくとすぐに注意をしてもらえます。注意を受けても、その場でしゅんとしすぎたり、逆に反論したりしないからか、言いやすいキャラなのでしょう。多少は落ち込みますが、でも、人を叱る、注意するって結構パワーがいることなので、少なくとも愛がなければできないと思うのです。

だから、素直に明るく受け止めます。すると相手も「コイツは仕方ないな」と気にかけてくれるようになり、意見や相談も言いやすくなるのです。

もちろん、内容によっては笑顔が不謹慎な場面もありますので、「なに、ニヤニヤしているんだ！」とさらに叱られないように要注意！

自分が注意もしくは叱責されたとき、それが悪意ある攻撃なのか、愛ある指摘なのか、見極めが必要な場合があります。

前者は、自己満足のために人を責めたりいじめたり、嫉妬や憂さ晴らしのために攻撃するケース。

後者は、その人のことを育てたい、より良くなってほしいという思いから、嫌われる覚悟であえて言うべきことを指摘するケース。

どちらなのか見極めるポイントは、言われたあとの自分の感情です。悪意ある攻撃を受けたらドーンと落ち込んで後ろ向きになりますが、愛ある指摘は「言われたことを守って次はがんばろう」と前向きになれるはずです。

最初はすぐにわからなくても、相手と話したあとに悪い気分が続いてモヤモヤしたら、そこには悪意が隠れていると思って、距離をとったほうが身のためです。

逆に叱られてもなぜか元気になれたら、愛がある証拠。私はそういう人にお世話になりながら育ててもらいました。

トラブルを回避する

60 人間関係は「腹6分目」でトラブルゼロに

家族は別ですが、どんなに親しくて仲がいい人でも、頻繁に会いすぎて深入りすると関係がこじれてトラブルが起きやすくなります。また、いいな、と思っている方でも、一定の距離を保っておくほうがいいことはよくあります。仕事でいえば、同業の仲間や取引先の人など、相手の領域に介入し過ぎると見たくないものまで見えてしまってショックを受けることも。

私の場合、雑誌関係者とお酒を飲むと、他社や同僚の悪口、愚痴を話し始める人がいるので、基本的には信頼している上司と同僚としか行かないようにしています。

また、取材先の方でいうと、こんなことがありました。

憧れていた作家さんに取材をする機会をいただきました。嬉々としてスケジュール調整をし、ご自宅近くのカフェでお話をうかがうことになったのです。

しかし、待ち合わせ時間になっても来ない。10分後、電話がかかってきて「急な仕事で行けそうにないの、ごめんなさいね」と。結局、後日電話でインタビューの時間をいただきましたが、できれば待ち合わせ時間を過ぎる前にご連絡をいただきたかったな……と残念な気持ちになりました。

のちに、ある集まりでその作家さんとご一緒する機会があったのですが、相手の立場によって対応がずいぶんと異なるところをお見かけし、さらに悲しい気持ちになりました。私もご挨拶をしたら「あら、週刊誌ね」という一言だけでした。

知らぬが仏。遠くから思っているだけのほうが良いこともあるのだと気づきました。それ以降、好きなタレントや著名人にお会いする機会があっても、あえて深く付き合わないように心がけています。

では、どのくらいの距離感がベストでしょうか？

人付き合いが上手な人たちの距離の取り方を見ていると、「腹6分目」くらいがちょうどいいようです。私の経験則でも、「腹8分目」が月1、2回一緒に飲んでじっくり語り合うイメージで、考えると多すぎます。かといって年に1、2回だと「腹3分目」くらいで少なすぎます。

そうすると、ワンシーズンに1回、「腹6分目」くらいが、お互いストレスなく付き合えるのです。もちろんこの感覚には個人差がありますので、自分自身の「腹6分目」がどのくらいの距離感か考えて、つかず離れず付き合いやすい人間関係を維持するといいでしょう。

61 おエラいさんに習う、上手に聞き流す術

人気アイドルグループ解散の報道を受けて、すぐに真相を知るため事務所の社長に直撃取材したときのこと。私自身ものすごくファンだったこともあり勢い余って、

「本当に解散しちゃうんですか？　悲しすぎます！　すごくショックです！　グループで活動する姿が見られなくなるなんて信じられません!!」

とストレートに聞いてしまいました。すると、

「そういえば、あの○○の記事どうなっているの？　○○と○○の記事もなんであんなこと書いたのよ？」

と話題をすり替えられてしまったのです。その後は延々、私が聞きたい話とはまったく関係ない話を聞かされました。

そのときはまだ記者4年目だったので、解散の真相を取材できなかった悔しさより、「さすが業界トップクラスの経営者は逃げ方が上手だな！」と感心してしまいました。

以来、話したくないことをストレートに聞かれたときは私も聞き流して、「そういえばこの前の……」「それはそうと、○○はどうなっていますか？」と話を逸らす手法でうまく切り抜けています。

百戦錬磨の強者に取材するたび、こうした学びが得られるのも記者の醍醐味ですね。

62 ダメージを受ける話は心に落とし込まない

記者の仕事で一番メンタルにダメージを受けやすいのは、殺人事件の真相を追う取材です。殺人犯の幼少期の情報を集めると、虐待、貧困、離婚、生き別れなど悲惨な状況下で育った話をよく聞きます。

私自身、家庭環境に恵まれなかったこともあり、そういう話を聞くと共感し過ぎて、心がドヨーンと重くなるのです。さらに取材を重ねていくとどんどん心がすり減って、プライベートでも落ち込んでなかなかリセットできませんでした。

そんなことを繰り返していたら私自身のメンタルもやられてしまうので、「これじゃいかん！」と気を取り直しました。ネガティブな話は右から左へ聞き流し、心に落とし込まない訓練をしました。具体的にいうと、自分の過去と重なる話が出てきたときには、瞬間的に「これは私の話ではない。取材対象者の話」と言い聞かせ、自分の心（感情・経験）を切り離すのです。といっても、心は機械のように思い通りに操れません。

今でも事件取材をすると、終わって帰る途中で涙が止まらなくなることがあります。そんなときは、深呼吸。そして、気分を変えるために美味しいものを食べて、すぐにその気持ちから離れることを今でも意識しています。

直接、事件を取材しない方でも、災害や殺人事件など悲惨なニュースを見て、辛さや苦しさを感じてしまう状態は共感疲労と呼ばれています。無意識のうちに心が疲れて落ち込まないために、ネガティブな話から自分を守ることも必要なのです。

63 注意や批判はみんながいる職場ではしない

109の頃は、ほかのスタッフに注意すべきことがあると、お店とは違う場所で話すようにしていました。当時、あらゆる店をよく観察してみて、人間関係の険悪な空気は残り香のようにその場所に漂い続けるとわかったからです。

今でもよく覚えているのは、最初に入った瞬間から悪い空気を感じたお店のこと。そのお店は、いつ行っても空気が重く居心地が悪かったので長居できなかったのです。

気になったので、休憩室でそのお店のスタッフに会ったときにどんな様子なのか聞いてみたら、スタッフの仲が悪く、みんな陰口ばかり言い合っているというのです。その話を聞いて、「どうりであんなに空気が悪いわけだ。香りと一緒で悪い空気は残るんだな」と思いました。

会社もそうですが、スタッフがいるところで誰かを怒ったり、誰かの陰口を言い合ったりしていると、職場全体の空気が悪くなります。ネガティブなことを話さなければいけないときは、廊下や会議室など場所を変えたほうが、周りに悪影響を及ぼしません。他者に聞かれないようにすることは、言われた本人のプライドを守ることにも繋がりますから気をつけたいですね。

64 相性が悪い人を敵に回さないコツ

会話もメールも普通にやりとりしているのになかなか噛み合わない。話をするたびにモヤモヤイライラする。こんな風になぜか相性が悪い人、いませんか？　どんなに人当たりが良い人でも1人や2人はいるのではないでしょうか？

付き合わないですむ相手なら離れればいいだけですが、仕事関係者だとそういうわけにもいきません。であれば、相手を敵に回さないように当たり障りなく接したほうが、ストレスやトラブルを回避できます。

接客業と記者業で、ありとあらゆるタイプの人と接してきた私は、人付き合いで大前提としていることがあります。それは、生まれ育った環境も見てきた風景も、価値観も考え方も違う他人であれば、相性が合う人のほうが少なく、むしろ合わない人のほうが多くて当たり前だということです。

そのため、「みんな自分とは違う人間」ということをまずは受け入れ、相性が悪い人にはより丁寧に接することを心がけています。

具体的なポイントをいくつかご紹介しましょう。

- 相手に対して何かを伝えるときは、一度立ち止まって考えて丁寧な言葉遣いで発する。
- メールを送るときは、件名に要件を明記し、内容とのずれがないか確認する。

・最初に「寒くなってまいりましたが、お変わりありませんか?」「昨日は遅くまでお疲れさまでした」と気遣いの言葉を入れ、最後に「いつもありがとうございます」「急なお願いにご対応いただき○○さんには大変感謝しております」といった感謝の言葉を入れる。

・曖昧な表現に気をつける一方で、「できません」「違います」といった断定や否定を避ける。言いかえる場合、「できません」→「○日頂戴できればお引き受けできます」「違います」→「行き違いがあったようです」など表現を和らげる。

・失礼な言葉遣いやわかりにくい文章がないか、全体を2回は読み返す。

・来たメールに返信するときは、なるべく相手が使った言葉や言い回しを使う。

このような点を意識して気持ちよくやりとりできるようになれば、相性の悪さもさほど気にならなくなっていくでしょう。

ストレスの9割は人間関係の悩みといわれています。何かイヤな予感がした相手には、こちらから先手を打ってリスク回避したほうが余計なトラブルやストレスを抱え込まずにすむのです。

松岡修造ばりの熱量の高さが裏目に出ることも

私はもともと熱量がすごく高い。取材するときも、高いテンションで気合いを入れて現場に入る。後輩の教育係を任され取材に同行してもらったときも、「絶対におもしろいネタを持って帰りましょうね!!（ガッツポーズ）」と、松岡修造《まつおかしゅうぞう》氏ばりの暑苦しい熱量で声掛けしていた。しかし、今思い返すと半笑いで「は、はぁ……」と生返事していた後輩もいたのだ。

若い人たちは良くも悪くもクールだ。私のようにガッツで粘り強く張り込みして、お手洗いにも行かず（膀胱炎《ぼうこうえん》も5回経験）、有力情報やおもしろいネタを入手する記者だけではない。冷静沈着に物事を見極め、ここぞというときに攻め込んで相手に食らいつく記者もいる。個々のスタイルを確立していけばいいのだが、私と熱量の差がある後輩の中には辞めてしまう人もいた。

教育している人が辞めると本当に凹む。上司には、「そもそも、今時の若い子に記者業は続けられない。君の指導は関係ない」と言われたが、「あの先輩、熱量高くてついていけない」と鼻で笑われていた気がしてならない。熱量のミラーリングも意識し、人と関わっていきたい。

第5章

ずるさを愛嬌に

変えるワザ

Zuruza wo Aikyou ni Kaeru Waza

「ずるい」と聞くと、人をだましたり、だしぬいたり、
そんなイメージを持つかもしれません。
でも、私の「ずるさ」は、
素直な気持ちをそのままに、会いたい人、憧れの人、
教えを乞いたい人の懐に飛び込んでいく作戦です。
素敵な方々から、形なきたくさんの贈りものを、
いただいてしまいましょう！

65

「アスマ精神」でかわいがってもらう

「自分で言うの⁉」とつっこまれそうではあるのですが、私は大学時代から、「この人すごい！」「この人に会えて嬉しい！」と思った経営者、上司から芸能人まで、目上の人からかわいがっていただくことが多いように感じます。

前にも触れたように「あなたと会うと元気になるよ」と言ってもらえることもしばしばです。「明るくてポジティブだね」「人が集まる場に呼びたくなる」「イベントやるから、よかったら来て！」など、嬉しい言葉をかけてもらうこともあります。

でも、その理由は、「もともと人に好かれる性格だから」というわけではないと自分では思っています。とりわけ自分が憧れる人、理想の生き方をしている人に会うときは、自分が持っているありったけの〝かわいげ〟を発揮するようにしているからです。

誤解を招かないように記しておくと、本書でいうところの「かわいげ」とは、媚びを売って色気や、いわゆる「女らしさ」をアピールすることではありません。色気より食い気、「女らしさ」より明るさ、素直さ、真面目さが自分の長所なんじゃないかな？と思っています。

「明るさ・素直さ・真面目さ」の3拍子がかわいげの条件。

つまり性別なんて関係ありません。この3つの言葉の頭文字をとって「アスマ精神」と私は呼んでいます。「明るく、素直で、真面目な子」というと、小学校の校訓みたいで、クスッと笑ってしまった方もいらっしゃるかもしれません。

でも、思わず苦笑してしまうのは、案外、大人になると自然にできなくなっているからではないかな、と思うのです。

アスマの「ア」は、挨拶はもちろん、受け答え、表情、話し方も全部引っくるめた明るい印象。

「ス」は、謙虚に相手の話を聞き、言われたことはすぐ実行し、自分が思ったことも真っ直ぐ伝えられる素直さ。

「マ」は、約束を守り、礼儀と感謝を忘れず、仕事に全力で取り組む真面目さ、という意味です。


私は、特別秀でた才能があるわけでもないですし、失敗もよくします。それでも、何かと気にかけてかわいがってくれる人に恵まれているのは、アスマ精神が伝わっているからなのではないかなと感じています。

66 アドバイスは即実行してアピール

明るく、素直で、真面目に人と接していると、自然にアドバイスをしてくれる人も増えてきます。尊敬する人から「あれをするといいよ」「これをやってみたらどうかな」と言ってもらえるのはとてもありがたいものです。ですので、私は、できることは翌日にでもすぐ実行するようにしています。

たとえば以前に上司から「朝日新聞、読売新聞、日経新聞を毎日読みなさい」と言われたときは、翌日には買って自分のデスクの上に置いておきました。そこはもちろん、上司からよく見える位置です。そうやって〝言われたことを実行していますよ！〟とさりげなくアピールしたのです。

すると上司に、「早速、新聞買って読んでいるのか」と気づいてもらえます。周りの人から、「山田さん、そんな新聞、読むようになったの？」と声をかけられている様子も上司は見ています。もちろん、そこまでを想定していました。

仕事のアドバイスも、即実践して結果を報告すると、上司はまた次のアドバイスをしなきゃと思ってくれるもの。その繰り返しのなかで成長する姿を見守ってくれる人たち、つまり、自分の味方が増えていくのです。

67 憧れの人は真似から入る

人は自分と似ている人に好感を持ちやすいという話を第3章㊳でもお話ししました。ということは、距離を縮めたければその人の真似から入るのが近道ですよね。

私が記者になった当時、いろいろと教えてもらった女性記者の先輩がいるのですが、そのときも最初は真似から入りました。「こういう取材のときはこんなシャツを着て、このくらいの丈感のスカートをはけばいいのか……」と、その先輩のファッションを真似してしばらく経った頃。「服はどこで買っているの？」と話しかけてくれたり、「こういう現場ではもう少し動きやすい服がいいんじゃない？」と教えてくれたり、真似が関係を深めるきっかけになりました。

１０９のお店の販売員になったのも、自分がお客として訪れていたときに最も真似をしたい、心に残る接客をしてくれたタマキさんとの出会いがすべてのはじまりでした。面接のときには「タマキさんがいる店舗で働きたいです」「タマキさんのようになりたいです」と熱い思いを伝えました。

タマキさんは、相手のペースに合わせて気持ちを察しながら話す接客の達人。スタッフに対しても上司も部下も関係なく同じように接してくれました。そして、心だけでなく見た目も髪先から指先まで美しい。ですから、接客はもちろんファッション、メイク、姿勢、髪の巻き方まで、最初の1年くらいはずっとタマキさんの真似事をして自分のものにしていったのです。当時の私にとってタマキさんは人生の目標でした。どれほどお世話になったかわかりません。

「この人みたいになりたい！」と思う人と出会ったら、自分は粘土になったつもりで、真似できるところはすべて真似しながら自分の型をつくっていく。そのくらいまっすぐ柔軟な姿勢で人と向き合うと、自然と相手も目をかけてくれるようになります。

68 できる人の「いいとこどり」をする

とはいえ、すべて真似したくなるような人には、そうそう出会えないかもしれません。でも、「この部分だけは真似したい」と思う人はきっといるはず。そんな人を見つけたら、「いいとこどり」をしています。

記者になりたての頃は、いろいろな先輩に同行して取材の仕方を学んでいたのですが、そのときも、「この先輩のあの部分は真似できないけど、この部分は真似したい」と思うことがたくさんありました。

取材相手に有無を言わさず圧をかけてうまく聞き出す先輩の取材を目の当たりにしたら、「私は圧をかけることはできないけど、この先輩の頷きはお見事！」と思ってすぐ真似しました。

相手と雑談で打ち解けたあと、ノリやテンポの良い会話で聞きたいことを聞き出す先輩の取材を見たときは、「私はこんなにテンポ良くは話せないけれど、この先輩の楽しそうな笑顔は見習いたい！」と思ってすぐ実践。

上司や先輩に囲まれた職場は学びの宝庫です。仮に10人いたら1人1つでも良いところを真似すれば、10のワザを身につけることができるのです。

69 電話対応に怯えないメモ作戦

このところ電話恐怖症の若者が増えているそうです。情報通信会社「ソフツー」が発表した「電話業務に関する実態調査」によると、20代の7割は電話が苦手という調査結果もありますが、あなたはいかがでしょうか？

私も109時代は電話対応がほとんどなかったので、「電話が鳴ると怖い」「電話に出るのがイヤ」という気持ちはすごくよくわかります。1年ほど一般企業で働いていた時期もありましたが、電話が鳴ると怖くてすぐには出られませんでした。

記者になってからは、そんなことも言っていられず不安を感じていたところ、先輩の女性記者が「どっちが早く電話に出るか競争しよう！」と声をかけてくれました。

競争となるとやはり負けたくないのが私の性分。そのバトル（？）に夢中になっているうちに、電話が鳴るとすぐ取れるようにはなりました。でも、いざ、電話を取ると緊張して、どう応対すればいいのかわからないのです。

そこで、その先輩が電話で何を聞いているのか横で聞きながらメモして、電話の横に貼りました。必ず聞いているのは、相手の社名、部署名、名前、要件、連絡先。もし、応対の仕方がわからなければ保留にして他の人に聞けばいいんだ、とわかってから電話恐怖症がだいぶ和らぎました。

これも困ったときは真似して自分のものにしてしまう例の1つ。なんでも真似から入ればなんとかなりますし、真似すればするほど自分の武器も増えていくのです。

会いたい人に急接近する

70 会いたい人は即検索、即連絡、即行動！

私は学生時代から、社会で成功している人たちに対する強い憧れがありました。小学2年生のときに両親が離婚して貧しい母子家庭で育ったので、そういう状況から脱するにはどうすればいいのか知りたくて、成功している経営者の本を図書館で読みまくっていたのです。

本や新聞を読んで気になった経営者の方がいたら、話を聞くためにセミナーに参加したり、会いに行ったりしたことも数えきれません。呼ばれてもいないのに女性経営者が主催するパーティー会場に押しかけて、関係者から門前払いされたこともありました。

2009年には、メール配信システム「アスメル」開発者の作野裕樹《さくのひろき》さんにも、著書『学校では教えてくれない起業の授業——20代ニートから独立・起業して経営者になる法』（アスカ・エフ・プロダクツ）を読んで興味を持ち、会いに行きました。そのときは多数の経営者の方が集まる場だったので、後日改めてお時間をいただき、起業の仕方や楽しくいきいきと仕事をしていく心得をお聞きすることに。起業家支援もされている作野さんは「動画で経営者に話を聞くシリーズを一緒にやろう」と声をかけてくださり、23人の経営者にインタビューする幸運にも恵まれました。

11年に出版プロデューサーで起業コンサルタントの松尾昭仁《まつおあきひと》さんにお話をうかがったときは、とても楽しそうにお仕事のお話をされるので、思わず「何かお手伝いできることはありませんか？」とお尋ねしました。すると、「セミナースタッフでもやってみる？」とお声がけくださり、度々お手伝いに伺うことに。時に、「え、そんな厚底で来たの？」と、言われたりしながらも、本の著者や経営者と数々のご縁をいただきました。

松尾さんには最近、久しぶりにお手紙を書いてセミナーにも顔を出したところ、「ただのギャルだったのに、出世したな！」と、帰りにうなぎをご馳走になり、近況など話せて嬉しく思いました。

そして、今お世話になっている、ブックライターとして有名な上阪徹《うえさかとおる》さん。約10年前、著書『成城石井はなぜ安くないのに選ばれるのか？』（あさ出版）に関するインタビューをしました。記者をしていると自分の筆力の未熟さを痛感することが多く、最近、「どなたかに師事したいな」と考えたときに、「あ、上阪さんだ！」とピンときて、すぐに連絡。現在、1冊の本の作り方を改めて教わっているところです。

「他者から自分がどう見えているのか？　それを聞くことによって見えてくる自分がいる。だから、知らない自分を知るためにも、相手の言葉に耳を傾けなければいけない」

これは最近、上阪さんからいただいた言葉です。まさに本書のテーマに通じるのですが、この素敵な言葉に、聞くことの重要さを改めて考えさせられました。

こうして振り返ってみると、大学時代から私はまさに「直撃取材」の人生です。即検索、即連絡、即行動していたからこそ、渋谷のギャルが会えないような方々とご縁をいただけたのです。コネも学歴もない若者が、指をくわえて成功者に憧れているだけでは何も変わりません。

唯一、人生を変えられる方法があるとすれば、それは、「そこまでやるか！」と驚かれるような行動力。それしかないのです。会いたい人がいたらダメ元でも迷わず急接近して、懐に飛び込んでいく。その覚悟と思いが伝わった相手とのご縁は、一生の宝物になるでしょう。

71 仲良くなりたい人には「りそうのあなた」の質問を

仕事や人生における理想の人と出会ったら真っ先に思い出す質問のキーワードが「りそうのあなた」。これは、私が3年ほど前から意識して使っている語呂合わせです。

り→流行の「り」で、今その人の中で流行っているもの
そ→そばにあるもの。相手の持ち物や周りにあるもの
う→生まれ故郷や出身地の話
の→お酒を飲むの「の」。一緒に飲みたいと思った人には「飲むのは好きですか？」と聞いてみる
あ→空いている日（お休みの日）に何をしているか
な→ナンバーワン。好きな食べ物、趣味、仕事でもいいのでその人にとっての「ナンバーワン」
た→最近、楽しかったこと

どれも、理想の人に近づきたいときはもちろん、相手との会話に行き詰まったときも、話を縦に掘り下げ横に広げたいときも使える質問ワザです。

使い分けは簡単で、見た目がオシャレな感じの人なら流行の話や持ち物について。お酒が好きと話していたら、どんなものを飲むのか好みのお酒について。出身地が聞きたいときは、自分の出身地から話して自己開示すると相手も話しやすくなります。

休日の過ごし方や楽しかったこと、ナンバーワンについては、趣味の話から広がることも多いはず。いろいろな場面で活用できるキーワードです。

72 現代こそ心が伝わる手紙作戦

あなたは最近、誰かに手紙を書いたことはありますか？　誰とでもチャットでやりとりできる今の時代、わざわざ紙とペンを用意して文をしたためる人は減っています。日本郵便によると２０２４年のお年玉付き年賀はがきの当初発行部数は13年連続減少しているそうです。

だからこそ、手紙の効力が強まっていると私は感じています。最近、大学時代にインタビューをさせてもらった経営者の方々に、当時の御礼と本書の出版報告を手紙に書いて送ったところ、「わざわざありがとう」「すごく感動した」「こんなに丁寧な手紙をもらったのはいつぶりだろう？」と電話をくれた方が何人もいました。中には、「どんな戦略なの？」と聞いてこられた方もいて、思わず笑ってしまいました。

まだ記者になる前、AbemaTV（現ABEMA）内の番組でアシスタントインタビュアーをやっていた時期に、毎週会っていた経営者の方に手紙をお送りしたことがありました。あえて直接お伝えせず手紙をしたためたのは、感謝の気持ちを形にしてしっかりと届けたかったから。メールや電話と異なり、手紙は内容を考え、手書きをするので時間がかかります。その手間や労力に相手への思いが乗って、より伝わるのではないかと思ったためです。

すると、「あれだけ会っていたのに初めて字を見た。字って人を表すよね。丁寧な字を見て、やっぱりあなたはそういう人間なんだなって思えたよ」とおっしゃったのです。その言葉にぐっときたことを今でも思い出します。

タレントや俳優の結婚報告でも、手書きで書かれたメッセージを公表される方がいます。たとえ達筆でなくても、心がこもったその人らしい字を見ると人柄が伝わってきますよね。長文を書く自信がなければ、はがき1枚でもいいのです。たったひと言でも手書きで思いを伝えたら、必ず相手に届きます。

ただ最近、ショックを受けた出来事がありました。何十年間も文通をしてきた中学時代の恩師に、本書の出版報告を兼ねて久しぶりに手紙を出したのですが、ご主人から「妻（先生）は脳梗塞で倒れて今は寝たきりで瞬きで返事をすることしかできません」と返事が来たのです。私の手紙を読み聞かせたら、嬉しそうに瞬きしてしっかり答えてくれたと綴られていましたが、仕事や子育てに追われたことが理由で、ここ5、6年ほど文通を途絶えさせてしまっていたことをすごく後悔しました。

会いたい人といつでも会えるわけではありません。せめて大切な人との手紙のやりとりだけは続けなければ……と痛感しました。こんな経験をするとなおさら、手紙ほど心が伝わる手段は他にはないと思うのです。

「教えてあげたい」と思わせる

73 スポンジのように素直に吸収する

「いろいろ教えたくなる」「素直に吸収するね」。そんなふうに、よく言われます。実はこれも意識していて、人の話を聞いたらスポンジのようになんでも吸収するようにしているのです。

私の頭の中では常に、「あれも知りたい、これも知りたい！」「あそこに行ったらあの人に会えるかも!?」「あの人に話を聞くにはどうすればいいんだろう?」といった考えがぐるぐる巡っています。それもやはり、知りたい、やってみたい、教えてほしいという子どものときのような好奇心からきているので、性格的に記者に向いているのかもしれません。

ネットありきの社会を生きているといろいろな情報が頭に入ってきます。すると、無意識のうちに〝知ったつもり〟になりやすいですよね。でも、知っていることと、やってみることはまったく別次元の話です。知っているだけでやったつもりになっちゃいけない、そう自分に言い聞かせています。

私はむしろ、知っているからこそ、自分で行動して確かめてみることが大事だと思っています。そこも含めて「スポンジのように素直に吸収したい」と思っていると、ためになることを教えてくれる人に恵まれるのかもしれません。

74 大事な話を聞くとき必ず持参するもの

上司や先輩に呼ばれたら必ず持参するもの。それは、初歩の初歩でも意外と忘れがちなノートとペンです。

記者になったばかりの頃、上司に呼び出されて手ぶらで行ったら、大事な要件を一気に話されて覚えきれず困ったことがありました。そのときに言われたことが、「ノートとペンは常に持ち歩きなさい」。それからというもの、話を聞くときは、その2つは必携です。メモは自分のためにとるだけでなく、話を聞く相手に安心感と信頼感を与える役目もあります。

そして、1つ、ちょっとずるい効果も。メモをとっているともし聞き逃したことがあっても、「メモをとって聞いていたのですが、わからない点があったので確認させてください」と言えば、相手も「あれ？　こっちが伝え忘れちゃったかな」と錯覚してくれることもあります。つまりメモのおかげで、わからないことがあっても自分のせいじゃないと思ってもらいやすいのです。

75 相手に喜んでもらう3ループ

自分がしてもらって嬉しいことは、相手もきっと嬉しいはず。そう思って私が繰り返している3つのループがあります。

何か教えてもらったら、全力で感謝して、なるべく人がいる前で褒める。

たったこれだけですが、習慣にしている人はめったにいません。なぜでしょうか？

「自分より目上の人を褒めるって一歩間違えると上から目線で失礼になりそう……」と思う人もいるからでしょう。

私は相手がたとえ上司でも、「仕事がとっても早いですね！」「どんなときも落ち着いていて頼りになります」と、思ったことはストレートに伝えます。上司が担当した仕事に感動したら、「どうすればあんな仕事ができるんですか？」「こんな写真の構成、初めて見ました！　どんな意図があるんですか？」「どうしたらこんなハイセンスな言葉選びができるようになりますか？」と質問攻めにした上で、思わず、「そういう視点がすごい！」と。するとその上司は喜んでくれて、さらに誰にも話していない仕事の裏話を教えてくれました。

仕事のこと以外でも、よく飲んでよく食べる人には、「見ていて気持ちいいくらい綺麗に召し上がりますね！」と伝えることもあります。

ただし、平々凡々なことを安易に褒めまくると、バカにしているような印象を与えかねません。ですから、心からの「すばらしい」という思いを伝えるには、相手がやり遂げたことの裏話なども聞いた上で、さらに、結果より経緯を褒めると、相手も気持ちよく受け止めてくれます。

76 頼りにされて嫌な人は少ない

特にビジネスでうまくいっている方々に数多く会ってきましたが、がむしゃらに努力して成功をつかみ、自分自身が満たされてくると、「次は誰かのために何かしたい」という意識が芽生える方が多いと感じます。お金も自分が必要なモノにはもう十分使っていて、今度は「誰かのために、何かのために使いたい」と。

そういう気持ちの方に、「まだ新人なのでわからないことだらけです。いろいろ力になってもらえると嬉しいです」とお願いすると、「なんでも言って。力になれることある?」と言ってくださることがあります。

私も、そうした方々に大学時代にインタビューした際、ビジネスで活躍されている知り合いを何人も紹介してもらいました。会社を経営してみたいと考えたときは、ある経営者の方に会社設立の初歩的なことから、名刺の作り方、社印の作り方など教えていただき、小さな会社を学生起業したこともあります。

当時、自社でセミナーを主催したいと考えたときも、セミナー慣れしている経営者にまず相談。人の集め方からパワーポイントの使い方など何から何まで聞いて、講師を招いて開催することができました。

そういう風に、「教えてほしい」「助けてほしい」とお願いすると手を差し伸べてくれる方は少なくありません。自分に置き換えて考えてみれば、頼られると嬉しい気持ちになりませんか。もちろん、自分勝手に都合よくなんでもお願いするという意味ではなくて、助けてほしいとき、頼りになってくれそうな人にはどんどん頼って、わからないことはどんどん聞かなきゃ損だと思っています。

77 勧められたことは一度は試してみる

日頃お世話になっている上司や先輩、仕事関係者から、飲み会やイベントその他、仕事とは直接関係のない場に誘われたらどうしているでしょうか?

他の予定があって物理的に難しい場合や、プライベートを優先したい場合は断る人もいるでしょう。タイパ(タイムパフォーマンス)、コスパ(コストパフォーマンス)を考えて損得勘定で判断する人もいるかもしれません。

ワークライフバランスを優先して断るのもわからないわけではありません。でも私は基本、人に誘われたら一度は行ってみたほうがいい、という考えです。

以前、人材採用支援会社アールナインの社長、長井亮《ながいりょう》さんにインタビューをさせていただいたときに、「誘いは断らない」というお話をうかがい、私も真似をしてみようと、誘われたらすべて行っていた時期もありました。

その後、結婚して子どもが生まれて時間的余裕がなくなったので、「自分が目標にしたいと思う尊敬する人の誘いは最大限断らない」に変わりましたが、「誘われるうちが花」という意識は常に持っています。

先日も、お世話になっている出版エージェントの社長から歌会に誘っていただき、ちょうど仕事が忙しい時期と重なっていたことや、歌をたしなんでいないこともあって、伺うかどうか悩みましたが、思い切って出かけたのです。すると、そこでしか出会えない言葉を知ったり、歴史に触れる経験があり、つくづく参加してよかったと思っています。

周りは著名な作家さんばかりだったので、自分の無知を露呈しているだけではないかと赤面しそうな場面もありました。

たとえ、そんな状況が予想されても参加してみたのは、尊敬するある上司の、「失敗の数だけ成功に近づく」「人生は恥の上塗り。七転八倒しながらやればいい」という言葉を励みにしているからです。「若いうちに恥をかくことに慣れよう。失敗が財産になる！」と思うと何も怖くなくなりました。

20〜30代のうちに自分の世界を狭めてしまったら、40〜50代になっていざ広げたくなっても、若いときほどチャンスは巡ってきません。家庭を持ったり役職についたりしてしがらみが増えますし、まわりも、その年代の人には気軽に声をかけづらくなってお誘いが減るからです。

失敗を怖がらなくなると、「やれることはなんでもやってみよう」と物事を前向きに捉えられます。勧められたことも一度は試してみると、新しい経験や出会いが楽しくなるものです。

78 豊臣秀吉にならう「あやかりたい」作戦

日本一出世した男と呼ばれている豊臣秀吉《とよとみひでよし》の処世術が気になって調べたことがありました。

貧しい農民の家に生まれて薪売りをしていた豊臣秀吉が、天下人まで上り詰められたのはなぜなのか。どうやって上の人たちに自分をうまく売り込んでいたのか。そういう視点で資料をいろいろ読んでみたら、「あやかりたい」という言葉を秀吉はよく使っていたそうなのです。

秀吉は最初、戦国大名だった織田信長《おだのぶなが》の雑用係として仕え、若くして織田家の武将となった際に羽柴《はしば》秀吉に改名しました。この名前は当時、優秀な先輩だった柴田勝家《しばたかついえ》の「柴」と丹羽長秀《にわながひで》の「羽」をとり、この2人の先輩たちにあやかりたくて「羽柴」を名乗ったそうなのです。部下から「あなたにあやかりたい」と言われたら、悪い気はしませんよね。

貧しい農民が戦国大名の家臣に這い上がってくるのは、もともと身分が上の先輩たちからするといい気はしなかったはずです。そこで彼らの気分を害さず、位の高い人たちにも受け入れてもらえるように、名前を利用して「あなたたちにあやかりたい」と先輩たちを立てた。そういう憎めないずるさが秀吉の最大の強みだったのではないでしょうか。

私も秀吉にならって「あやかりたい」作戦を使い、経営者の方々に会ったときは、「あなたのようになりたい」とよく伝えていました。そして、目標にしたいと思える経営者に会ったときは、「将来、私も稼げるようになるため○○社長にあやかりたいので、お財布の中の一万円札と私の一万円札を交換してもらえませんか？」とお願いしていたのです。これはちょっと俗っぽい話で不快に感じる方もいるかもしれませんが……。

でも、そういうとみなさん笑って快く交換してくれました。経営者の方々が持っていた一万円札は、互い違いに折りたたんでお財布に大切に入れています。今でも、「この人のようにもっと上を目指したい」という人に出会ったら、一万円札を交換してもらっています。

お金のことに限らず、目標にしたい人がいたら、あやかれるところがないか探します。靴をきれいに磨いている人がいたら手入れの仕方を尋ね自分の靴も磨く。ヘアサロンに2週間に1回行っていると聞けば、どこのヘアサロンへ通われているのか教えてもらい「あやかりたいので真似させてください」と言ってこまめにヘアサロンに行ってみる。

目標や志を高く持って、あやかれるものには何でもあやかりたいと思っていると、良い影響を与えてくれる人とのご縁もつながっていくと実感しています。

ギャルでも真面目に見えるアイテム

記者になった当初、服装で迷走した時期がある。編集部ではいつも通りのカジュアルな服装で許されたが、取材の場では「とにかく賢そうに見せねば！」と思ったのだ。そこで、巨大な眼鏡に地味でダサいネイビーのワンピースを着て変装。「デカ眼鏡に地味な服で野暮ったいほうが変な目（女性として）で見られないのではないか？　頭が良さそうに見えるのではないか？」と思ったからだ。

しばらくして自然な眼鏡に変え、記者４年目を超えた頃には取材でも眼鏡を外しコンタクトに移行したため、当時のことはすっかり忘れていた。

ところが先日、野暮時代にお会いした某タレントのだんなさまにお会いして、「お前、本当に垢抜けたな。最初は眼鏡でイモくさかったのに。コンタクトにして見違えたよ」と言われデカ眼鏡時代を思い出した。当時の私を知っている人たちに109のカリスマ店員だったなんて言ったら、「嘘でしょ?」と度肝を抜かれるだろう。

第6章

聞く前に人が

離れていくNG行為

Kiku Mae ni
Hito ga Hanareteiku NG Koui

会話が始まった矢先に
相手が心のシャッターを下ろしてしまうことがあります。
何がいけなかったんだろう……と悩んだら、
最初にどんな言葉をかけたか、
どんな態度で接したか、思い出してみます。
コミュニケーションは相手があってこそ、はじまるもの。
なのに、自分のことばかり考えていなかったかな？

一瞬で嫌われる言葉

79 自分に跳ね返ってくる陰口

平気で他人の陰口を言う人は、自分もどこかで陰口を叩かれている可能性が高いです。ですから私は、相手が陰口を言いはじめたら、「あ！　○時から予定が入っているの、忘れていた！」などと用事があるフリをして、その場から立ち去ります。

その場を離れられない状況だったら、第4章㉑で述べた芸能事務所の社長のように、「そういえば」「それはそうと」作戦で、話を逸らします。

陰口を言う人は、必ず他の人からも陰口を言われています。陰口を言えば言うほど

跳ね返ってくるのです。そういう人は、人に嫌われることはあっても好かれていることはまずありません。

テレビ画面上では感じが良いのに、裏方のスタッフへの当たりが強かったり、ライバル視するタレントの陰口を頻繁に言っている人は、その後見かけなくなることが多いです。

あるタレントの結婚式へ、取材を兼ねて参列したときのこと。お手洗いで化粧直しをしながら、女性タレント数名が話をしていました。花嫁のドレスの話になったときに「あれはちょっと○○（花嫁）に似合っていないと思わない？」「わかる。色味が違うよね」と話を始めたのです。

せっかくのお祝いの場、しかもお手洗いには私以外にも複数の人がいたのです。妬《ねた》み嫉《そね》みが見え隠れする陰口は、聞いていて気持ちのいいものではありません。

逆に、本人に言いたいことをハッキリ言って信頼される人もいます。黒柳徹子さんがまさにそうで、「あなたのそのネタおもしろくないわ」と芸人さんに面と向かって言うこともあります。

もちろん、それが許されるキャラクターを確立されているから言いやすいのかもしれません。でも身近な人を思い浮かべても、本人がいないところで陰口を言って貶める人より、面と向かって言いたいことを言っている人のほうが、人として信頼できますよね。

私も、夫や親友など腹を割って話せる相手に、よりよくなるのでは？ということを伝えるときは、直接本人にはっきり言いますし、私も言われます。そうやってお互い高め合っていくほど信頼関係も深まっていくのです。

80 〝やってあげた感〟丸出しの「私が〜」

人は誰でも自分が主役です。自分を中心に世界が回っているので、「僕が〜」「私が〜」と話しはじめるのは当たり前。けれども相手に対して何かしてあげたとき、「私がやってあげた感」を強調すると、ものすごく嫌味っぽく聞こえます。

たとえば、「私が紹介したあの人どうだった？」「私がオススメしたお店、美味しかったでしょ？」「やっぱり、私が教えてあげた通りだったじゃない」。そんな風に言われると、恩着せがましくて鼻につきませんか？

こんなとき「私」を省いて、「紹介したあの人どうだった？」「この前オススメしたお店、美味しかった？」と言えばまっすぐ伝わります。

109の頃はみんな自己主張が強かったので、「私が～」が口癖の人もそれほど気になりませんでした。ところが記者になって一般社会に出てみると、109時代がいかに自己主張の押し付け合いだったか気がついたのです。もしあなたの職場が自己主張ありきの世界でなければ、「私が～」の使い方に気をつけましょう。

81 相手をバカにした「ホントにわかってる？」

先輩や上司から言われるとイラッとくる言葉はたくさんありますが、断トツに感じが悪いのは「ホントにわかってる？」「意味わかってる？」です。どちらも、「わかってないでしょ？」という意味の裏返しですから、相手をバカにしているようにしか聞こえません。言われたほうは、自分の無知を責められているような気分になりますよね。

私も、上司から「ホントにわかってる？」と聞かれて、しばらく落ち込んだことがありました。その気持ちがわかるので、自分が後輩を指導する立場になってからは、絶対に言わないように気をつけています。

本当にわかったかどうか心配なときは、「何かわからないところはなかった？」「言葉足らずだったかもしれないけど、意味わかってもらえたかな？」という言い方であれば、イラッとさせません。なぜなら、「自分の説明も至らないところがあったかも……」という謙虚なニュアンスを感じられるからです。

82 タイミングを誤ると信頼を失う「尊敬しています」

メディアの世界には、博識で才能あふれる人がたくさんいます。渋谷のギャルだった私は、そういう人たちに対する尊敬の念を抱きやすいので、記者になった頃は会う人会う人に刺激を受けていました。

緊張もするけれどワクワクする出会いも多く、ギャルのノリで失礼なことを言ってしまったこともあります。それでもまだ若かったせいか大抵は笑って許してもらえましたが、ある上司に諭されてドキッとしたことがあります。

その上司は業界で有名だったこともあり、会って間もない頃に軽いノリで「尊敬しています！」と言ってしまったのです。するとその上司から、「尊敬されるほど、キミ、僕のこと知っているの？」と言われて、確かにそうだなと。軽はずみでそんなおべんちゃらを言うってどうなの？というニュアンスだったので、心から反省しました。

以来、「尊敬しています」と伝えたくなっても、そのタイミングにはものすごく気をつけています。とってつけたように聞こえる褒め言葉は一歩間違えると、信頼を失うほど軽薄な印象を与えてしまうのです。

83

傷つけることすらある「わかる」

事件取材で、殺人犯のお母さまに話を聞き、「お気持ち、わかります」とつい言ってしまったことがありました。その後、長らく沈黙されていたので、沈黙のままで待ちました。ところが、続いた言葉は「帰ってちょうだい」の一言。語気が強く、泣いている様子でした。「あなたに何がわかるのよ！」というお気持ちだったのでしょう。

育った環境も経験してきたこともまったく違う赤の他人に、気持ちがわかるはずないですよね。ましてや、息子が殺人を犯したかもしれない母親の気持ちを、私が、簡単にわかるわけがないのです。安易に「わかる」と言うと、「あなたに何がわかるのか」と思われるだけで、相手がますます傷つくこともあります。

悲しみや憎しみの渦中にいる相手の気持ちに少しでも近づきたいと思ったら、「○さん、おつらかったですよね」と、あなたを主語にした「Ｙｏｕメッセージ」で話しかけます。お話を聞かせていただくならなおさらです。それは同情ではありません。

私も、こうした取材では、「かわいそう」「気の毒だ」という気持ちから解き放たれるように努めています。それは相手と自分を分ける感情だからです。

ところで、怒りには、背後に別の感情が隠れているそうです。これを二次感情というのですが、怒りが生じるまでに、悲しみ、恐怖や苦しみ、後悔、不安、孤独などの一次感情が蓄積していきます。また、「こうあってほしい」「こうあるべき」というその人の理想の形が裏切られたという感情も潜んでいるのだそうです。

つまり、怒りは単独で突発的に起きる感情ではないのです。

とすると、もし、何かつらい出来事に遭遇した人に話しかけて、相手が急に怒り出したとしたら、あなたがきっかけであったかもしれませんが、あなただけに怒りの感情を持っているわけではないと考えてみる。

その背後にあるたくさんの複雑な感情の積み重なりを想像するだけで、安易に「わかる」という言葉が使えないことに納得するのです。

「もう話したくない」と思われる態度

84 期待しすぎて不満を募らせる

ある経営者の方からこんな話を聞いたことがあります。

「相手に期待しすぎたり、願望を持ちすぎたりすると、自分の中に不満がどんどん溜まっていく。だから、何も望んじゃいけないとまでは言わないけれど、他人への期待や願望を高くしちゃいけない」

なるほど！と思いませんか？

１０９の頃、後輩のスタッフが入社すると、「このくらいは売ってくれるかな」なんて期待値を高く持っていました。そのため、洋服のお畳みばかりをして積極的に接客をしない姿を見ると、「やる気ないのかな?」と不満を抱いてしまう。

家庭内でも同様に「これやっておいてほしかったのに」「なんで洗い物してくれないの?」といった夫への不満がケンカの発端になっていたので、考え方を変えました。「やってくれたらラッキー!」くらいのつもりでいるようにしたのです。

期待は裏切りと表裏一体です。期待すればするほど、それがかなわなければ裏切られた気分になってショックが大きくなります。ということは、期待値を下げれば下げるほど、不満も減っていくわけですよね。

そのようにして心に余白ができると、人の話を聞く余裕も生まれます。勝手に相手に期待してイライラを募らせるより、何かやってくれたら「嬉しい!」と思えるほうが、人間関係もコミュニケーションも円滑になります。

85

「私の常識」の押しつけ

記者業で3000人、接客業と合わせると1万人以上の人と接してきて、悪気なくやってしまいがちだけど絶対にやってはいけないとわかったことがいくつかあります。その最たるは、常識の押しつけです。「普通は〜」「みんなは〜」「世の中は〜」「うちの会社は〜」「そんなの当たり前」「そんなことも知らないの？」と言ってしまう人は要注意。無意識のうちに相手に「私の常識」を押しつけている可能性が高いです。

私も、記者になって数カ月の頃、こんな押しつけをしてしまったことがあります。売れ筋の最新家電を紹介する記事を担当し、各商品の写真掲載のために都内の大型家電量販店で写真を撮らせてもらう必要がありました。しかも「今日中に全ての写真をそろえるように」という上司からの依頼……もう時間がありません。

「売れ筋の最新家電をご紹介する企画で、本日、今からお店の一角をお借りしてお写真を撮らせていただきたいのです。来週発売号でして……」

そう言って、近隣の大型店舗から順に電話を掛けまくりました。

「今日の今日？　写真撮影？　何言ってんだよ！　無理に決まっているだろう」

「あと○日で発売する雑誌？　無茶なことを言うね。うちはお断りだ」


週刊誌は、2、3日で取材を終えなければならないこと、急な記事の差し替えがあったときには、その日のうちに必要な資料をそろえることは当たり前にあることです。しかし、一歩引いて見てみると「あと数日で発売だから、今から写真を撮りに行きたい」はおかしいよな……と気づきました。相手の方々もそれぞれに仕事を抱えているのです。自分の常識を伝えてお願いしても、全く取り合ってはもらえません。

そこで、「ご協力いただいた場合は、協力店舗としてクレジットをお入れすること」「謝礼をお支払いすること」など、メリットは早い段階で伝えるようにしました。すると、反応が全く異なることに気づき、第2章の『メリット』を感じさせる」にもつながっていったのです。

他にも、こんなことがありました。あるタレントが体調を崩し、緊急入院をしているという情報を入手したときのこと。詳細を把握しきれず、近しい関係者にお話を聞きに行きました。

その中で「日課のヨガは続けられていますか？」と問いました。すると、相手は言葉を詰まらせ、「そういうことを考えられる状況じゃない」と。体を動かすどころか、もう通常の食事を取れる状況ではないほどに病状は悪化していたのです。

自分の日常では「普通のこと」「当たり前のこと」だと思っていても、病気、事故、災害などに直面している方は、そうではないこともあります。

常に相手の状況を想像しながら聞く。相手を傷つけないために忘れないようにしたいです。

86 不機嫌を露骨に態度に出す

あなたの会社にも不機嫌を露骨に態度に出す人がいませんか？

第4章㊸で触れたように、雰囲気は香りのように空気として残ります。「自分だけの不機嫌さであれば、大したことないでしょう?」とお考えかもしれません。しかし、特に社内で上の立場であったり、長らくその業界にいて影響力のある人であれば、たった1人の不機嫌さが職場全体の雰囲気に直結することもあるのです。

会社、雑誌によって、仕事の進め方の形態は様々ですが、その雑誌の編集部では出版社の社員編集者がある企画やテーマに沿って、フリーランスの記者に仕事を依頼し、それに基づいて記者が取材をして記事を書くというやり方でした。

新人編集者が、この道30年以上のベテラン記者に仕事を依頼したときのことです。ベテラン記者ともなれば、政治家とのつながりや専門的な知識を活用し、他の人が聞けない話に切り込んで、自ら記事になるようなネタを編集者に提案する人も多いです。その記者もそういうスタイルを主軸としてお仕事をされていました。

ですので、編集部に入って数カ月の新人編集者に仕事を依頼されることは、あまり良い気持ちがしないのでしょう。やりとりを見ていると、不服そうな態度を取っては「勉強不足だな」とチクリと嫌味を言ったり、語尾がきつくなっていることがよくありました。私は何度もその2人のやりとりを目の当たりにしましたが、新人編集者は、いつも気が重そうで、「あ、あの……お仕事をお願いしたいのですが……」と恐る恐る声をかけている様子でした。

確かに、知識も経験も豊富で、その人だからこそ口を開く政治家や官僚がいることは確かです。でも、編集部は小さくても組織です。チームワークも必要です。

それに、正社員ではない記者は仕事を受注する立場ですから、発注者が新人でもベテランでも関係ありません。自分より経験が浅い編集者から仕事を依頼されることが嫌ならば、その編集部では仕事をしなければいいのです。

それなのに、新人に不機嫌をぶつけ、いつも相手を困らせていたことには、私も見ていて疑問に感じました。次第に、ほかの編集者たちからも「○○さんと仕事をするの、嫌だよ。話したくないよ」という声が漏れ聞こえはじめ、悪い空気がだんだん社内に広がっていくような、嫌な雰囲気が漂っていたのです。

その記者は、取材力は確かですし、人脈もあって、他の人には書けない記事が書けるということで一目置かれていました。でも、新人編集者への態度は、誰から見ても目にあまるものだったのです。

不機嫌さを出すこともほどほどにしないと、人は離れていくものだな、と改めて考えさせられたのでした。

生きていればいろいろなことがあります。不機嫌になることもあります。それは仕方のないこと。でも、不機嫌をそのままぶつけても、相手にも自分にもいいことはありません。無理に機嫌よくすることはありませんが、できる限りフラットに接することができるようにはしたいものです。

87 頼まれてもいないアドバイス

相談されると、「何かアドバイスしてあげよう」「相談されたからにはアドバイスしなくては」と思う人がいます。でも、たとえ相手が「アドバイスもらえますか?」と言ってきても、本音はアドバイスが欲しいわけではないケースがほとんど。ただ話を聞いてほしいだけなのです。

ですから、話の途中で一方的にアドバイスをはじめようものなら、「え、私の話はまだ終わってないのに……」と余計なお世話に思われてしまいます。

良かれと思って言ったほうは、「おいおい、アドバイスをしてくれって言ったのはそっちだろう？」と不服に思うでしょう。特に、理屈で物事を考えがちな人によくありがちですが、それは大いなる誤解です。

では、相談されたら何と言えばいいのでしょうか。

「とりあえず話を聞かせてくれる？」

これが正解です。悩みがある人は、話をすることで気持ちや考えを整理していきます。そうしているうちに、話しながら自分で答えを導き出すことも多いのです。

ですから聞き役のほうは、

「そのとき、○○さん（相手）はどう思ったの？」

「それは辛かったね……。○○さんは、本当はどうしたかったの？」

と、相手を主語にして、相手の気持ちを確認、想像しながら話を聞くだけでいいのです。最後には、相手が「あ、そっか。私はこうするしかないのか。よし、じゃあこうしよう！」と解決策も見えてきて、スッキリした表情になり、「話を聞いてもらってよかった」と思ってくれるはずです。

もしも、「アドバイスが欲しい」と言われたときには、「これは1つの考えとして聞いてもらっていい？」と前置きした上で、「私はこう思う」という文脈で伝えてください。間違っても、「あなたはこうしたほうがいい」と相手を主語にしてはいけません。

相手の人生は相手のもの。第2章㉛でもお伝えしましたが、最終決定は本人にしてもらうのが、きっとお互いハッピーになるはずです。

88 「ヤダ！」「ムリ！」と一方的に拒絶

直撃取材は、相手の元を急に訪ねます。記者になった当初は「記者です」と名乗った途端に「ヤダ！　帰って」「無理です」「急に来られても何も答えられません」という返答をされることは少なくありませんでした。

今となっては、本書を書くことにまで繋がったので、必要な修行だったと考えているのですが、当時は正直、その都度へこみました。日常で、ここまで極端に「無理です」と拒絶されることは多くありませんが、相手を傷つけます。無意識に言ってしまわないように気をつけたいですね。

「イヤだな」と思っても、少し話を聞いてみると、新たな発見が得られることもあるものです。最近もこんなことがありました。

年明け、いつもは行かない鮨店に夫が「行こうよ」と誘ってくれました。寒いし、お鮨はな……と思い「ヤダ！」という言葉が喉元まで出かかったところで「たまには行ってみようか」と言っていました。

そして、鮨店を訪れると、普段は混み合っているのに、年明けということで貸し切り状態の店内。そのおかげか、とても丁寧に接客をしていただき、なかなかお目にかかることのできない日本酒のお味見まで！　大満足で「たまには『ヤダ！』を封印するといいことがあるものだな」と実感したのです。

89 NO面、NOリアクション

「ねぇ、話聞いている？」

こう言われたことがある人は、「NO面、NOリアクション」でないかを見直したほうがいいかもしれません。NO面とは、能面のような無表情のことです。

あなたがどれだけ楽しいと感じていることを伝えても、相手が表情を変えず、なんのリアクションもしてくれなければ話す気持ちがなくなりませんか？　第3章㊻でご紹介したメラビアンの法則からもわかるように、表情やジェスチャーから得る視覚情報は55％、聴覚情報は38％です。リアクションを取らなければ「聞いているよ」ということは相手に伝わりません。

面白ければ思い切り笑う。納得したり、学びが得られたときは、深くうなずく。悲しければ悲しげな表情をする。しっかりと表情やリアクションで表現をすることは、「あなたに興味があり、あなたの話を聞いているよ」とアピールすることにもなります。私は、仕事柄もあって、このことを意識して人の話を聞くようにしています。ときどき、「楽しそうに聞いてくれるね！　つい話しすぎてしまうよ」という言葉をかけていただくと、私が関心をもって聞いていることがちゃんと伝わった！と、嬉しくなります。

一方で、NO面、NOリアクションが許される方も少なからずいるんだな、と感じた直撃取材がありました。

以前、某野球監督と、毒舌と言われたタレントの奥さまを直撃取材したときのこと。何を聞いても監督はNO面、NOリアクション。奥さまは、「なぁに？」と言って、一歩近寄ってきてくれたものの、昨今の体調について尋ねると、車に乗り込もうとされたので、「お車に乗る前に少しお話を……」と伝えると「わざと乗ってんのよ！」と語気の強い怒号が。

こんな奥さまの言葉を横で聞いていても、微動だにしないご主人。しかし、最後に、口元にほんのり笑みを浮かべ会釈をしてくれました。ただそれだけですが「お疲れ、サンキュー」と言われたような気がしたのです。

これはテレビで拝見しても同様でした。口数は少なく、映像を見てもほとんどリアクションがない。それでいて、たった一言のコメントでハッとさせる力のある、特別な魅力のある人でした。その後、気になり思わず語録集を読んだほど……。

こんな特別な人も中には存在しますが、私のような凡人には到底真似ができないので、その場その場でしっかりとリアクションをとり「聞いているよ」を伝えていきたいです。

90 性差別や見下した言動

この業界にも、明らかな女性蔑視の態度をとる人がいます。時代錯誤も甚だしいのですが、「女だからビビって無理だろう」とか、「女だから」とすぐに言うのです。口には出さなくても、そのような思いを抱いていることを先輩記者から感じとったこともあります。

記者になって間もない頃、風俗店を経営する企業に潜入取材として面接に行ったことがあります。当時、人気が急上昇していたお店で、どんな女性が働いているのか、お給料はどれぐらいなのか、どんなサービスを提供しているのかなどを面接で聞き出してきてほしい、と先輩から振られたのです。私は「行きます！」と二つ返事で現場に向かいましたが、のちに同僚に話すと「よく行ったなぁ！」と驚かれました。その先輩が、私に純粋に仕事を頼んだわけではないことに気づいたからです。

この面接では、相当ハードな内容を聞かれることは薄々知られていたため、まだ取材にも不慣れな若い女性ゆえに、私が最初から断ってくるか、どうせ途中で逃げ出すにちがいないという前提で、ちょっとバカにして、まるで試すかのように発注をしたようでした。

私は、記者になるとき、いただいたお仕事は全て引き受け、真摯に取り組む気持ちでいましたから、「怖くてできません」と断ることは全く考えたことがありません。ですから、「女だから」「新人だから」「ビビってできないだろう」、そういう気持ちで接することは失礼ではないか、と思うのです。このように、まわり回って本人の耳に入ることもあり、今でも、その人に対する残念な気持ちが心の片隅に残っています。

心は透けて言葉の節々にあらわれます。どのような相手にも、差別や見下すような無礼な言動をとらぬよう気をつけたいですね。

91 人に不快感を与える悪癖

癖の1つや2つ、誰にでもあります。癖があること自体、悪いことではありません。ただ、他人に不快感を与える癖はコミュニケーションを阻害するので、早く直すに越したことはありません。

私も経営者にインタビューしていた大学時代は気づかなかったのですが、記者として取材を重ねるうちに、人の癖が気になるようになりました。

たとえば、大事な話をしている場で、ペン回しをしている人。接待などの会食中に箸袋を折っている人。食事のマナーが悪い人は論外として、余計な手の動きが気になる人が意外と多いのです。

癖はなかなか直らないので、人と会話している間は手を膝の上に置くとルールを決めるなどして、常に意識したほうがいいでしょう。

手といえば、私がまだ新米記者だった頃。殺人現場の取材に赤いネイルのまま駆け付けたことがありました。すると女性の上司から真っ先に、「殺人事件の現場で赤は血を彷彿とさせるからNGだよ」と注意されたのです。派手なネイルは癖というより習慣でしたが、それ以来、身につけるもので赤を含めた派手な色はなるべく避けるようにしています。

髪を触る癖がある人もいますが、会話中に髪に触るのは相手に不快感を与えます。私は、無意識に触ってしまわないように仕事では必ず1つに束ねています。そのように、自分の癖や習慣を見直して、会話の邪魔にならないような努力を怠らないことも、聞き上手には不可欠なのです。

約1カ月の張り込みで痛恨の大失敗

7年ほど前。「某世界的アスリートに彼女がいる、同棲している可能性もある」との情報が入り、2ショットを撮るために、その方が住む東北まで出向いて張り込み取材を行った。

3日目にそのアスリートとお腹の大きな女性がマンションに入って行く姿が見えた（私には確実に）。上司に報告すると、「同棲？　しかも妊娠中？」と盛り上がり（?）現場の張り込み期間は延長。カメラの台数も増やされた。

しかし、その後、相手に張り込みがバレて通報される始末……。それでもあきらめずに1カ月近く取材するも、以降、女性の姿は確認できず真相は闇の中に。カメラマンたちから「山田の見間違いだったのでは?」と長く恨まれた。

最初に情報を持ち込んだのが、辣腕の上司だったこともあって、「同棲しているに違いない！」と妙に確信を持ってしまった。けれど、あとからよくよく話を聞くと実は「情報の確度は高くはない」というものだった。

その上司は私の働きを認めてくれたが、この苦い経験から、普段から徹底している「情報元」だけでなく「情報の確度」も必ず確認するようになった。そして、現場でも取材でも常に「情報とは真逆の視点を持つ」ことを忘れないよう肝に銘じている。

第7章

あざとくても
ゆるされる

〃聞き上手〃の習慣

Azatokutemo Yurusareru
"Kiki Jouzu" no Shukan

話したい相手の言葉と感情に、まずは耳を傾け、身をゆだねる。
これが、実は結構難しい。
自分のなかに余裕と余白がないと、もたないのです。
「自分は自分」「私はここがいいところ」という自覚。
自分の一歩は自分で決める。
不完全な自分に「ま、いいか」「案外いいじゃん、私！」と言ってあげる。
それが聞き上手の土台をつくります。

「私は私」でブレない軸を持つ

92 ギャルマインドで我が道を行く

私は高校時代、進学校に通っていましたが、夏休みは金髪にメイク、ピンヒールのパンプスを履いて遊びに出かけていました。１００メートル先からでも私とわかる格好をしていたので、地元界隈では「すごく派手な子」と言われていました。

その後、大学の服飾学部に進学して１０９で働きはじめてから、着るものはますます派手になり、メイクも一層濃くなり、渋谷以外の街ではかなり浮いた存在でした。でも１０９のスタッフは似たり寄ったりだったので良くも悪くも慣れて、「私は私だし」「何言われても気にしない」というギャルマインドを育てていったのです。

109には、私と同じように家庭環境に恵まれなかったスタッフも多く、その過去を隠し虚勢を張るために派手な格好をしはじめたギャルもたくさんいました。自分を守り奮い立たせるために過剰に着飾っているだけで、実際に話してみるとみんな優しくて繊細なのです。「私は私」だけど優しさは忘れない。私もそんなギャルマインドが身についたおかげで、今の自分があるのは間違いありません。

人の目を気にして仮面をかぶって生きるより、自分に正直に我が道を生きる。そのほうが断然、人から信頼してもらえると実感しています。

93 ブレない軸を持つ

人と話していると、自分の意見を求められることがあります。その際、「よくわからないです」としか言えなければ、何も考えていない人のように思われてしまいます。

とはいえ、普段から自分の頭で考えていなければ、意見はすぐには出てきません。

「自分は何に興味関心があり、何が大切で、どういう人間でいたいのか?」

「自分の持ち味をもっと表現するにはどうしたらいいのか?」

「相手とどういう関係を育みたいのか?」

日常的にそうしたことを考えているなかで、自分の意見が生まれる根っこの「軸」ができるのです。

繰り返しになりますが、私は109時代に長年抱えていたコンプレックスを乗り越えるために自分と向き合い、自己理解を深め、自信を持てたおかげで、自分の軸を持つことができました。

心に刺さった出来事や人から聞いた話なども含めて、こうしたことを高校、大学時代はノートに、社会人になってからはスマホのメモ機能に書きためています。習慣にすることで、意識的に考える時間を持てますし、整理することもできるので、書いてみることはオススメです。

この積み重ねのおかげで、お客さまからアドバイスを求められたときも、ただ売るためのその場しのぎの言葉ではなく、相手の個性やメリットを考える自分軸のアドバイスをすることができました。

洋服のことに限らず、仕事や恋愛の相談もよく受けましたが、「私だったらこう考える」と1つの意見として（ハッキリと）伝えていました。記者は基本、相手の話を聞くことに徹します。第6章㊇で触れた通り、頼まれてもいないアドバイスをしないことは大前提ですが、109のお客さまには具体的な意見を求めてくる人が多かったのです。「私の洋服のテイストに合うのはどっち？」「デートに着ていくならおすすめは？」と聞かれたときには、その要望に応えるのも大事だと思いアドバイスしていました。

周囲に流されて決めてしまったけど、自分の意見は何だったのだろう？　私はこの件で何を大事にしたかったのかな？　そんなふうに日ごろから自分に向き合い、自己理解を深める時間をとってみる。そして書いてみる。すると自分の軸が固まっていくのを実感できます。

94 わがままは正直

記者になるまでやりたいことがコロコロと変わった私は、自分勝手でわがままに見られていた時期がありました。109で働いたあと、経営者にインタビューしたり、学生起業したり、1年間会社員生活を送ってみたり、ライター業やイベントの司会をやってみたり……。

周りからは、「何をやっているかわからない」「やっていることがコロコロ変わるよね」と言われましたが、「人と接し、人に話を聞く」という意味ではすべてつながっていたのです。記者になったあとようやく理解してもらえるようになりましたが、それまでは「いったい何がやりたいの？」「飽きっぽいね」と批判されることも多く、やりたいことをやってわがままに生きるってすごく大変だなと思ったものです。

だからといってやりたくもない仕事をしたら、自分に嘘をつくことになります。批判した人たちも、自分の人生に責任を持ってくれるわけではありません。ですから、「わがままは正直」と自分に言い聞かせて、誰になんと言われようとやりたいことをやってきました。

今までの経験はすべて人生に活かされています。人の本音を引き出す「ずるい聞き方」も、今まで出会った人たちのおかげで身についたのです。

95 SNSをうまく使う

あなたはSNSを使ったことがありますか？ 投稿はしていなくとも、今の世の中、SNSに触れたことがない人のほうが少ないのではないでしょうか。

私も、取材相手のことを調べるときには必ず確認をします。最新情報をいち早く知るための手掛かりを得ることができたり、私自身が発信をすることもあります。

取材する方々の多くは、近日のドラマや舞台の出演作についての告知、最近始めた趣味、プライベートの様子などを投稿されています。テレビや雑誌では見ることのできない一面をチラ見せしたり、俳優というとどこか遠くの存在のように思えますが

「実は庶民的です」という姿を投稿して、イメージ戦略に役立てている人もいます。「自分を知ってもらう」ツールとしてはとても便利で、「SNSを始めてファンが増えた」と話す俳優もいます。

これは芸能人に限ったことではなく、私たちもまた人間関係を広げたり、仕事のチャンスを増やしたりするのに、効果的で便利なことはいうまでもありません(もちろん、投稿の内容には慎重でありたいですね)。

一方で、気をつけたいのが、SNSを見る側になったときです。

数カ月前、ある取材の中で10代~20代前半の若者5、6人と話す機会がありました。そのなかでSNSの使い方の話題が出たのです。そこに来ていた方々は一様に「自分の精神を保つための道具」だと言うのです。

「〝推し〟を推すため」「推し仲間と絡んで推し欲を満たすため」であったり、裏アカウントと呼ばれる限られた友人しか見られないところに、自分の負の感情を全て吐き出したり……。ストレス発散のために使うものなのだとか。

他には、実際の自分とはかけ離れた理想の姿を投稿し「いいね」や「羨ましいです」

「かわいいですね」というコメントをもらうことで自己肯定感を満たす目的で使っている人も多いそう。

SNSには、そんな虚像も混ざっているようなのです。

そうした場所だと考えれば、これを真正面から受け取って、人への妬み嫉みの気持ちを抱くのはばかばかしいですし、精神衛生上よくありません。SNSを見るときには、「へぇ、こんな人もいるんだ」と、片目で見るくらいにして、踊らされないように気をつけたいですね。心に元気がないときは一切見ないなど、距離を置く時間も必要かもしれません。

96 自分だけでも自分を信じきる

張り込み取材で失敗をして「記者向いてないから辞めなよ」とカメラマンさんに言われたことがあります。現場のカメラマンはこの道30〜40年の大ベテランばかり。日本中を沸かせたスクープと呼ばれる記事を多数担当された方々です。決定的瞬間をカメラにおさめるために、必然的に新人記者への指導は手厳しくなります。カメラマンの強い口調や指導に屈して辞めていく記者もいるほどです。

私も「辞めようかな」と微塵も思ったことがないかというと嘘になります。しかし、記者の仕事は張り込み取材だけではありません。自分に与えられたこの場所で、「きっとできることがある」と誰に何を言われても信じて、無我夢中でいただいたお仕事と向き合いました。

一部のカメラマンから良く思われていないことを知っていた上司は、内心「大丈夫かな」と不安視していたところもあったでしょう。でも、「あなたは目の前の仕事に全力で向き合うこと」と言ってくれたこともあり、ひたすら自分を信じ、邁進しました。その結果、少しずつ直撃取材や潜入取材などで結果を残せるようになったのです。

自分を信じ切ることがパワーになると感じたのは、あるアスリート選手に関連する取材をしたことも影響しています。海外遠征中に体調を崩し、緊急帰国してすぐにガンが発覚。日本中を沸かせていた選手でしたし、私自身も応援していた方だったので、その後の様子が気になりました。

何度かコーチや先輩、関係者に話を聞きに行くと「なにも話せない」と。その後も「かなり厳しい状態で復帰を考えられるような状況じゃないから」と立ち去られたり、「復帰は無理だと思う」と言い切る人もいました。

しかし、本人はというと、聞こえてきたのは、いつも前向きで、どういう状況下でも復帰に向けて努力をし続けている、ということ。治療やリハビリの痛みや苦しみに耐えながら「自分は絶対にやれる」その気持ちを常に持ち続けていたのです。そして、現在、見事に復帰を果たしています。

そもそも、自分で自分を信じないと、誰かが自分を信じてくれるわけがありません。私自身、「これをやり遂げる」と決めたことは、馬鹿にされても信じ切ることで成し遂げてきています。「これだ！絶対にやってやる」そう思った瞬間から、まずは自分で自分を信じる。そこからスタートさせてほしいです。

欠点を強みにする

97 コンプレックスは成長ポイント

誰にでもコンプレックスはありますよね。つい隠しておきたくなりますが、辛い経験をすると人の痛みがわかるように、自分のイヤなところを人に伝えてみたり向き合うことで成長につながることもあります。

私も、小学5年生のときに大怪我をして30針縫った脚の傷跡がコンプレックスで、その傷を隠す洋服しか着ていませんでした。１０９で働きはじめたときも、本社の女性上司に「脚の傷を隠せるデニムをはきたいです」と相談したのです。すると、「どれ？

見せてみて」と言われ、明るいバックヤードでまじまじと傷を見たその上司はこう言いました。

「じっくり見ると確かに気にならなくはない。でもその傷だけじっと見るお客さんがいると思う？　それよりも、着たい洋服をビシッと着こなせないほうが恥ずかしいと思う。傷は気にするところじゃないから」と。

その言葉で吹っ切れた私は、「傷を受け入れていこう！」と前を向くことができました。そして、「自分が着た服を誰よりも売る！」と決めてセンスと接客力を磨き続け、「千穂が着るとなんでも一番売れるよね」と言われるようになったのです。コンプレックスがあったからこそ、胸を張れる自分でありたいと自分を奮い立たせられました。

母子家庭で貧しく友だちも呼べないほどボロボロの家で育ったことも、人に触れられたくない過去。恥ずかしいコンプレックスでした。しかし、その状況から脱するため本を読み漁り、経営者に会いに行き、記者として働く中で聞き方を磨いたおかげで今があります。

活躍している人気アイドルや人気俳優、成功を手に入れた経営者にも、コンプレックスをバネにして成長を遂げてきた方が少なくありません。そういう方々も、人生のどこかの過程でコンプレックスと向き合い、乗り越え、成長の糧にしてきたのです。コンプレックスは成長ポイント。「コンプレックスはないよりあるほうがラッキー！」ととらえてもいいくらいなのです。

98 つっこまれ上手で得をする

「そのネタ何度使うんですか！」と、そろそろ言われそうですが、私は声が大きいです。１０９時代はもちろん、記者になった今でも、油断するとつい大きな声になってしまいます。そのことを、つっこまれたり、からかわれたりして、良くも悪くも「気になって、放っておけない」と言われたことは数知れず……。

この「つっこまれがち」なところは、自分でいうのもなんですが「愛されキャラ」と紙一重だと受け止めてきました。「騒がしいなぁ」なんて言いつつも、「場を盛り上げてくれてありがとう」とこっそり幹事の方にお礼を言われたこともあります。

ツッコミを言いやすい、ついつい、つっこみたくなる、そしてそれをうまく受け止められたら、みんな冗談が言いやすくなり場も明るくなります。

だから私は、「声がデカいぞ！」と言われても、「ははは、すみません」と笑ってスルーしたり、後ろ向きに捉えることはしていません。むしろ、声がデカくてよく通ることが私のキャラだと割り切って、さらに大きな声で「はい、すみません!!」と返しているほどです（もちろん、場はわきまえます！）。

アイドルグループでも、リーダー役の人が「つっこまれ上手」だと、他のメンバーがものを言いやすくなります。グループ全体の雰囲気も和やかになりますよね。お笑い芸人でも、いじられキャラポジションで人気がある人はたくさんいます。「つっこまれ上手」は得をすると言っても過言ではないと思います。

ただし注意したいのは、つっこまれている側がからかわれている、いじられていると感じて、「やめて」と言っているとき。言えなくて辛いと感じている場合。受け取り手の気持ち次第、そして、当然程度によってはイジメになることもあります。人にツッコミを入れるときには相手の気持ちへの配慮が一番大事ですよね。

99 完璧ではない人に人は集まる

世の中に1人でできる仕事などありません。組織の場合、そこに属している人がそれぞれの役割を果たしているから経営が成り立ちます。フリーランスでも、取引先がいるから仕事ができるわけですし、できない仕事を他の人に手伝ってもらうことで、自分の能力以上の仕事に関わることができます。

そう考えると、完璧じゃない人ほど自分にないものを補ってくれる人を大切にする必要がありますから、自然と人が集まってくるのです。

お世話になっている出版エージェントの社長も、以前、そんな話をされていて、「本当にその通りだな」と思いました。

私自身も、109で働いていた頃は、今より少し太っていたので、お店の細身のデニムは痩せて脚がすらっとしているスタッフにはいてもらっていました。私は自分の体型でも似合う服を選んで、みんなで協力して一丸となって売上げを上げていきました。

できないことやわからないことがあっても隠さずに、「できません」「わかりません」「教えてください」と言える人のほうが、人に助けてもらえます。「なんでも自分で解決しなくちゃ！」と思わず、完璧じゃない自分をさらけ出せる人のほうが、人は集まってくるのです。

ムダな競争はしない

100 負けるが勝ち

「とにかく人に負けたくない」という負けん気の強い人もいると思います。本気で勝負しなければいけない場面では、それが強みになるでしょう。ただ、人に好かれて人が寄ってくる人は、負けてもいいところで勝ちを譲るのが上手です。

たとえば、電車で席を譲る。外を歩いていて人とぶつかりそうになったら相手に道を譲る。大皿料理で最後の1個が残っていたら手をつけずに他の人に譲る。エレベーターで他の人に先に降りてもらう。

このように、勝ちを譲って小さな徳を積んでいる人は、本当に勝たなければいけないときのために、「勝ち貯金」をしているのです。

これは、大学時代に話を聞いた経営者で、特に大きな成功を手にしている方から聞いた話で、それから私も意識するようになりました。

人間関係も同じで、ガツガツして勝ちにこだわる人には近寄りがたい雰囲気がありますよね。それより、普段は大らかに構えて一歩下がるぐらいのスタンスでいるほうが、「ここぞ！」というときには勝ち貯金を使えると思うのです。

101 「おかげさま精神」を忘れない

これも、多くの経営者と接してきて感じたことですが、成功している人ほど腰が低いです。「おかげさまで、周りの人が支えてくれたから今の自分がある」ということを、みなさん異口同音におっしゃっていました。

どんなに成功してお金持ちになっても、驕り高ぶらず、「あなたのおかげ」「みんなのおかげ」という人は、人に好かれ、人に助けてもらえます。

逆に、驕り高ぶるとあっという間に人は離れていきます。

ある経営者の方に、失敗談についてお聞きすると、こんなお話をしてくださいました。「実は、今の会社の前に他の会社を経営していたんだ。しかし、会社が立ち行かなくなってね。そのときの一番の原因は『自分がすごいから経営が成り立っている』と驕っていたことにあると思う」と。ある部下が辞めた途端に、さらにその下の部下が次々と辞め、あっという間に仕事が回らなくなったのだそうです。

現在の会社を立ち上げるときには、部下、一人ひとりのおかげで会社は成り立っていることを胸に、「みんなのおかげだ」「ありがとう」を頻繁に部下に伝えるようになったそうです。

どんなときも、感謝の心を忘れない。その姿勢も、人に好かれる聞き上手な人たちの特徴なので、私も日々心がけています。

102 邪念を払う

ここまで本書を読んで、「自分はまだ至らない部分が多いな」「聞き上手になるって難しい」とチラッとでも思ったら、邪念を払うための習慣をつくると気持ちを切り替えられます。ちょっとスピリチュアルな話に思われるかもしれませんが、理由がはっきりしない行き詰まりを感じたときは、心を整えるための1つの方法としてオススメです。

私は、自分なりに邪念を定義しています。もちろん、何か考えるべきこと、やるべきことがあるのに、他の考え事や悩みが次々襲ってきて……というものもあるのですが、私の場合、主にそれは、他者が自分に向けている負の感情を想像し、自覚するということだと考えています。

人は、無意識のうちに人を傷つけていることがあります。私も、悪気なく放った一言で人を傷つけてしまったことがあります。

「痩せていて羨ましい」。ある時大学の友人に何気なく言った一言です。後になって、ある病気で太れないことを知りました（当時を振り返ると、返答できず眉をひそめていた友人の顔が浮かびます）。

明確に気づけていないだけで、この一件だけではないと思います。気をつけているつもりでも、人を傷つけずに生きていくことは簡単ではないんだな、と反省することも少なくありません。

もしかしたら、どこかで誰かに、自分に対してなかなか拭い去れない感情を抱かせているかもしれない、そう思うと、「自分はこれでいいのかな」とぐるぐると考え込んでしまいます。気づくことができれば、あるいは相手が指摘してくれれば、謝ることもできます。でも、気づけていないこともきっとあるはずだからです。

自己満足と言われればそれまでなのですが、だからこそ私は日頃から少しでも善い行いを心がけています。この積み重ねが、相手にも届きますように、と。そうして黙々と行動することが、心の中のモヤモヤを晴らしてくれるのです。

たとえば、私が学生時代にしていた習慣は、東京タワー周辺のゴミ拾いです。毎月1回、大学の友人や起業を目指していた仲間、インタビューで知り合った何人かの経営者の方々も一緒に行っていたのです。

今でも、毎朝次女と散歩で通る神社では、手を合わせ、ゴミが落ちていたら拾って帰るのが日課です。

また、母と祖母がそうであったように、公衆手洗いを利用し汚れているときには、最後にサッと拭いてキレイにしてから出るようにしています。

このように、日々の行動で、小さくても少しでも、自分ができる「ちょっと善いこと」を続けると、あなたの「邪念」とうまく付き合うことができるかもしれません。

そうすると、不思議と「自分はダメかもしれない」「うまく行かないことばかり」という堂々巡りからも解き放たれます。

103 小さなことでも一芸を磨く

自分と他人を比較してばかりいると、悲観的な発言をしがちです。自信がないと、他人より少しでも優位に立たなければという気持ちが生まれ、余計なことを口にしてしまう、というのはよく起きることです。

では、人と比較する人としない人は、いったい何が違うのでしょうか？

自分の過去を思い起こして、1つ言えるのは、自己肯定感が低く劣等感が強くなってくると、人と比較して、その度に落ち込むということです。逆に言うと、何か1つでも自分で「いいな」と思えるところがあれば、それが自信となって他人のことがだんだん気にならなくなります。

109時代に気づいた、私の一番の強みは、やはり高くてよく通る声です。この声で「いらっしゃいませ〜！　どうぞご覧くださいませ〜」と発するとお客さまがパッとこちらを見てくれました。それがテレビの目に留まり、ニュース番組の「【特集】6

万人の大騒動!! 渋谷ギャルの争奪戦」というコーナーで〝名物大声店員〟として取材を受け、2年連続で映像を流していただいたこともあります。

それでさらに声に自信を持ってお店に立ち、売上げが上がればそれがまた自信につながっていく。そうした相乗効果も生まれました。

磨き上げる一芸は、どんな小さなことでもいいのです。誰よりも先に挨拶する。誰よりも早く電話に出る。いち早く来客に気づいて案内する。そうした小さな一芸でも、必ず誰かが見ています。それが信頼や評価につながり、自信となっていくのです。

心に余白を持つ

104

1失敗1改善

失敗は誰でもするもの。他人の失敗を責める人は胸に手をあてて、自分の過去の失敗を思い出したら人を責められないはずです。

私も、初めての仕事は必ず1回は失敗しました。その失敗だらけの人生で学んだことは、失敗したら早く上司にホウレンソウ（報告・連絡・相談）すること。そして、どうすればリカバリーできるか、どうすれば失敗しなかったか考え、次に生かすこと。

失敗を隠したり、放置するなんてもったいない。失敗から学習すれば、同じ失敗を繰り返すのを防げるのですから。自分の失敗にこんなふうに向き合うことができれば、人の失敗も同様に受け止め、「どうすれば失敗しないか」と一緒に考えられます。

経験上、一度の失敗で一気に全てを改めることはなかなかできません。この理解は、実はとても大事です。なぜなら、そうしてうまくいかないことが重なり「あれもダメ、これもダメ」となると「自分は出来損ないだ」と自分全部を否定しにかかって、やる気を失くしていくからです。

部下や後輩を注意したり叱咤激励するときも、この考え方は生きてきます。

たとえば、電話の対応がなっていなかったときに「声のトーンも、スピードも、内容も、話し方全部がダメ！」と言われたらどうでしょうか？　落ち込みますよね。

ですから、注意する側になったら、あらためてほしい要素がたくさんあったとしても、「まずは声のトーンを改めてみようか」と1つにしぼって伝えるのです。

叱られた側も受け取りやすい上に、やる気も保つことができます。

実際に、声のトーンについて注意を受けたことがある私は、電話対応時に声のトーンを抑えることをまず徹底しました。すると、不思議なことに、スピードが緩やかになり、内容も少し良くなったように聞こえるのです。第5章⑰で触れた、先輩の真似を取り入れたこともあったとは思いますが、1つを改めると、他も良くなることもあるのだと感じました。

その後「電話対応、うまくなったな！」と先輩に声をかけてもらいました。

というわけで、私は、〝1失敗1改善〟で失敗と向き合うようにしています。失敗の一番の原因を考え、そこだけは次回絶対に改めるようにするのです。

人間はロボットではありませんから、個人個人に応じた取り組み方やスタイルを確立していく必要があります。記者の仕事も正解がないので、走りながら自分に合ったやり方を探しています。そのため、後輩に対しても失敗を責めることはしません。一緒に解決策を考えれば、それもまた自分の学びになるからです。

105 叱るときはＩメッセージ、褒めるときはＹＯＵメッセージ

人間関係を良好に維持する上で、叱り方ほど難しいものはありません。感情的に相手を傷つけることなく、伝えるべきことを伝えなければいけないとき、あなたはどうしているでしょうか？

書籍やメディアでもよく紹介されているのでご存じの方もいるかもしれませんが、「叱るときはＩメッセージ、褒めるときはＹＯＵメッセージ」が基本です。

そのことを痛感したのは、私が新人記者に仕事を教えていた頃です。その人は張り込み現場によく遅刻してきました。スクープをよくとってくるほど優秀だったのですが、時間にはルーズだったのです。

そこで、私（Ｉ）を主語にして「あなたがよく遅れてくることが私は本当に悲しい。カメラマンもそこだけ見て『あいつはダメ』とレッテルを貼っているのが私は悔しい」と伝えました。すると、少しずつ遅刻が減っていったのです。

逆に褒めるときは、あなた（ＹＯＵ）を主語にして「〇〇さんが粘り強く取材したおかげでスクープとして形にできた」のように褒めるとモチベーションが上がります。この２つの使い分けは、夫婦や親子でも効果的なので習慣にしています。

106
「会えば元気になれる人」と話をする

楽しそうな雰囲気に飲まれて盛り上がっても、会ったあとにどっと疲れる人っていますよね。そういう人とは距離を置き、「話すとめちゃくちゃ元気になれる！」と思える人と定期的に会うのも、心に余裕を持つ秘訣です。

私は、20歳の頃に知り合った親友がいるのですが、出会った瞬間、「なんて素敵！こんな魅力的な人初めて会った！」というくらい強烈なインパクトを受けました。スタイル、見た目、ファッション、明るさ、気さくさ全部引っくるめて理想の人で、ものすごいオーラと気品を感じて一瞬で好きになったのです。

後で聞いたら彼女も私と会って、「自分にはない素直さに衝撃を受けた」と言ってくれました。会ったその日に意気投合。約1カ月は毎日会って語り合っていました。

その後もずっと仲良くしていて、恋愛も仕事も何でも相談してきましたし、潜入取材に付き合ってもらったこともあります。お互い結婚して子どもを産んでから頻繁には会えなくなりましたが、今も話すと200％元気になれます。そういう人との縁は大切にしたいですね。

107 沈黙には沈黙で共感する

109時代、言いたいことをハッキリ言っていた私は、記者になってからそのせいで何度も失敗しました。

上司に紹介されたお店に1人で行ったときのこと。寡黙な店長さんでシーンとなるのが怖かったため、聞かれてもいないことを私が1人でベラベラ喋っていました。するとその店長さんから、「ちょっと、思ったことや感じたことを言葉に出し過ぎなんじゃない？」と指摘され、気まずい雰囲気になってしまったのです。

翌日、上司に話したところ、「合う合わないもあるから、別にあのお店には行かなくていいよ。山田さんには山田さんの良さがあるから」と言ってくださったのですが、その上司は沈黙の達人だったのです。

たとえば、仕事で確認したいことがあるとき。「こういうやり方でいいですか?」と聞くと、考えながら1分ほど黙り込む。こちらは気になって、「これでいいですか?」と再度聞いても黙ったまま。そのうち慣れてきて、「この人は沈黙しながらじっくり考えているんだ」とわかってからひたすら待つようになりました。

沈黙は、沈黙という名の会話なのです。

その上司は沈黙でリズムをつくり、自分が考える間に相手にも考えさせ、会話の主導権を握っていました。沈黙されるとこちらも「どうしたのかな? 何を考えてるのかな?」と気になりますから、相手を引き込むうえでも非常に効果的ですね。

それが理解できてから沈黙が怖くなくなり、仕事でもプライベートでも沈黙する人には沈黙で共感するようになりました。接客していたときもそうでしたが、相手が迷って黙っているときは熟考しているサイン。「沈黙は金」という言葉もありますから、余計なことを言って邪魔しないほうがいいのです。

108 耳が空いているときはラジオを聴く

聞き上手な人がどんな会話をしているのか興味がある私は、車を運転しているときによくラジオを流しています。特に芸人さんの会話はレベルが高いのですが、パーソナリティの方のちょっとしたやり取りも学びが多いです。

放送日時は失念してしまったのですが、住吉美紀《すみよしみき》さんのラジオ番組「Blue Ocean」(TOKYO FM)で、パーソナリティの住吉さんが、リスナープレゼントでインド旅行に当選した方に電話を掛けて、こんなやりとりをしていました(当時聞きながら取ったメモが頼りで、正確ではないところがあるかもしれません)。

住吉さん「今、大丈夫ですか、何をしていらっしゃいますか」
リスナー「もうすぐ商談に行かないといけないんです」
住吉さん「インド旅行当たりました。インド旅行でご自身のどんなところを変えたいですか」
リスナー「ネガティブなところを変えたいです」
住吉さん「お声からそんな感じは受けないですが、行けそうですか」
リスナー「行けます！　商談まであと4分です」
住吉さん「商談ではなくインドですよ！」
リスナー「はい！　会社に伝えれば行けます」
住吉さん「では行ってらっしゃーい！」

こんなやりとりを聞いているだけでも、「なるほど、声を褒めるのね」「番組進行者は、インド旅行に行くか尋ねているけど、聞かれた方は4分後に迫った商談のことで頭がいっぱいだったんだな。そういうときは〝どこへ〟も念のため伝えないと」「1文は短い方が聞きやすいな」と、いろいろな気づきがあります。

耳から入ってくる情報だけで、聞き上手のリアルなコミュニケーションを学べるなんて使わない手はないですよね。ラジオはスマホさえあれば、電車の中でも散歩しながらでも移動中に聴けるので、スキマ時間にもオススメです。

109 終わり良ければすべてよし

第一印象はもちろん大事ですが、縁を大事にして次につなげるためには、最後の印象も同じくらい大事です。私も、直撃取材でお会いした方には必ず最後に頭を下げて、「本当にありがとうございました！」と、相手の姿が見えなくなるまでその姿勢を続けています。

接客のときも、「今日はお会いできて嬉しかったです」「よかったらまた来てくださいね。今日のお洋服の感想など教えてください」といった声がけをして、「貴重なお時間をいただきありがとうございました」と笑顔でお見送りしていました。

日常でも、飲食店を退店する際、スタッフの方がお見送りに出てきてくださったときには必ず「ごちそうさまでした」に加え「美味《おい》しかったです」と伝えています。

こうした最後の挨拶は、言葉を交わしたすべての方に対して心がけています。第一印象に負けず劣らず最後の印象もずっと残ります。終わり良ければすべてよしです。

1人でバーに行きネタ探し

私はたまに1人でバーに行く。そこで同じく1人で飲んでいる客に声を掛け、短時間でどれほど情報を引き出せるか直撃取材の腕試しをしているのだ。

ときには驚くような裏情報を持っているネタ元に会えることもある。たとえば、中目黒のバーで出会った美容関係の会社経営者Sさん。彼には、政治家のW不倫について教えてもらった。代官山のバーで出会った別の人には、不倫スキャンダルで話題になった元政治家がカフェをオープンする話を教えていただき、不倫をもじった店名に笑ってしまった。

芸能人が出没しそうな都心のスポットを回ることを業界用語で「パトロール」という。私はパトロールが大好きで今まで50人ほど目撃し、記事につながったものも少なくない。

ここ数年は、仕事と育児の両立でなかなか現場を回れないため上司が「パトロールによる目撃が少ない!」と目くじらを立てているという噂を聞いた。もしかすると、私のネタ探し活動を陰で評価してくださっていたのかもしれない。

おわりに

「山田さんの最大の魅力は『聞く』です」

2023年の秋、担当編集の森鈴香さんが、真っ直ぐに私を見てそう言ったのです。

書店には数えきれないほどのコミュニケーションの本が並んでいて、著名な方が書いた本もあれば、「定番」と言えるベストセラーもたくさんあります。そのなかで、一週刊誌記者である私が本を書く意味について、客観的な意見を尋ねたときのことでした。

私は後輩たちに仕事のノウハウを伝えているうちに、自分がこれまでドタバタと試行錯誤しながら積み重ねてきたことを、他の方々にも役立てていただけるかもしれない、と考えるようになっていました。でも、読者のみなさんに新しいヒントとして魅力を感じてもらえるか、気がかりだったのです。

「タイトルは『ずるい聞き方』でどうでしょう?」

続けて提案されたこのタイトルを聞き、過去の自分が走馬灯のように頭の中をよぎりました。中学、高校の頃、よく友人から「千穂、ずるい～」と言われていたのです。たとえば、頭髪検査をうまくかいくぐっているとか、テスト範囲を詳しく教えてもらっているとか……。

ただ、決してひいきをされていたわけではありませんでした。思い返してみると、本書で紹介した「ずるい聞き方」につながることを当時から無意識にしていたのです。気分が晴れない日も、顔を合わせた人には努めて明るく挨拶をする。困っている人がいたら、それが先生であっても、つい手伝ってしまう。小学5年生から高校3年生まで、学級委員をしていたのも、引き受け手がなかったということもあるのですが、続けているうちに、先生といろいろ話す機会ができて、それがおもしろいことに気づいたからでした。だからこそ、いつしか先生に対しても「それは違うと思います」が言えるようになっていました。先生にとっても、生徒でもあり、会話の相手でもあったのかもしれません。

結果的に「ずるい」と感じることであっても、友人たちが「まぁ、千穂だから仕方ないか！」と言って納得してくれていたのは、そんな私の日常の言動を、総合的に見てくれていたからかもしれません。

そして、109時代も、記者になってからも、「でも、あなただから、仕方ないか！」と言っていただいてきたことと、私の中でつながったのです。「ずるいなぁ」と言われたり思われても、憎まれたり恨まれたりせず「仕方ないか！」で相手もすっきり、むしろ関係性が深まることすらある。タイトル案が意味するところを聞いて「私が伝えられることの主軸は、これだ」と感じました。

「思い立ったらすぐ行動」気質の私は、「絶対にいい本にする！」と気合いを入れて書き始めました。あっという間に6万字に到達するも、読み返すと「なんか違う……」。読んだ森さんも「山田さんの魅力がうまく表現されていない気がします」と……。

そこで、ライターの樺山美夏さんにご協力をお願いすることになったのです。

樺山さんは、私が仕事で使っている200個に及ぶ方法について、いろいろな角度から細かく話を聞いてくれました。

彼女から受けた質問について考えたり、答えたときの樺山さんや森さんのリアクションを見たりするうちに、自分では気づかなかった、自分が持っている誰かの役に立てる部分、周りがいいと思ってくれる自分の特性、私自身の独自性など、発見がたくさんあったのです。それによって自分の考えが整理でき、一人ひとり性格も仕事も違う読者の方々に受け止めていただきやすいような文章にまとめることができました。

「聞く」ということを、他者を理解したり、情報を得たりするための役割として認識している人は多くいます。「聞かれる」側も、相手に自分を理解してもらうために話していると思っているのではないでしょうか。

私は普段、記者として誰かに「聞く」仕事をしていますが、こんなに質問を受けて自分の話を聞いてもらうのは初めてでした。この体験によって、聞かれる側は相手に自分の情報を与えるだけではなく、自分自身をよく知る機会にもなるということがわかったのです。それは本書を作っていく中で、改めて考えさせられた点でした。

読者の皆さんも、まずは誰かに自分のことを聞いてみてはいかがでしょうか。あなたが自分で考えているあなたが、必ずしも全てではありません。他者から見た自分がどのような人物であるのか、それを聞いてみることで、初めて見えてくる自分がいたりします。

また、他者から「聞かれること」も体験することで、聞かれる側の気持ちがわかり、本書でご紹介した方法に実感が伴って、それをうまく活かすことができると思います。

ここまで、109個のずるい聞き方をご紹介してきました。1つでも「試してみたい」と思われた方法があったのなら、これほど嬉しいことはありません。

「聞いてほしい」という思いをくすぶらせている人は多く、聞く側の人は、慢性的に求められている状況です。あなたの「聞く」は、必ずや誰かを救い、人間関係の潤滑油になるでしょう。あなた自身の新たな一面に出会うきっかけにもなるはずです。

最後になりましたが、私の拙い取材にも話をお聞かせくださったみなさま、記者としてたくさんの失敗をしながらも「キミはそのままでいい」と言ってくださったMさん。今の私があるのはあなたがたのおかげです。ありがとうございました。

本書を制作するにあたり、私の魅力にいち早く気づいてくださった森さん。私の知らない私を引き出してくださった樺山さん。夢を叶える架け橋になってくださったアップルシード・エージェンシーの鬼塚忠さん、有海茉璃さん。あなたがたなしにはこの本は生まれませんでした。感謝をしてもしきれません。
そして、私と子どもたちのことをいつも気にかけ、フォローしてくれた母や愛する夫に心より感謝します。

最後までお読みいただき本当にありがとうございました。
本書が、１人でも多くの方の人間関係の悩みを改善し、豊かな人生への一助になりますように。心を込めて。

２０２４年4月　山田千穂

＊プライバシー保護のため、取材内容の詳細については一部変更を加えている箇所があります。
＊本書に登場する人物名・所属・肩書や会社名などは、本書執筆時のもので、一部は著者が体験・経験した当時のものです。

写真：渡辺利博

山田千穂　やまだ・ちほ

記者。埼玉県川口市出身。1988年生まれ。『週刊ポスト』『女性セブン』で記者を約10年経験。芸能、事件、健康等の記事を担当。取材で、聞く力、洞察力、コミュ力を磨く。3000人以上に取材。直撃取材、潜入取材を得意とする。大学在学中は渋谷109で販売員としてアルバイトをし、お正月セール時には1日最高500万円を売り上げる。趣味は、森林浴、一人旅、バーで飲むこと。好きな食べ物は、ラーメン、甘味、納豆ごはん、そしてお酒。

著者エージェント：アップルシード・エージェンシー
https://www.appleseed.co.jp/

ずるい聞《き》き方《かた》

距離《きょり》を一気《いっき》に縮《ちぢ》める109のコツ

2024年6月30日　第1刷発行
2024年8月30日　第2刷発行

著　者　山田千穂
発行者　宇都宮健太朗

発行所　朝日新聞出版
〒104-8011　東京都中央区築地5－3－2
電話　03－5541－8814（編集）
03－5540－7793（販売）

印刷所　大日本印刷株式会社

Published in Japan by Asahi Shimbun Publications Inc.
ISBN 978-4-02-332359-9
定価はカバーに表示してあります。